# 사람은 왜
# 인정받고 싶어하나

# 차례
Contents

# 고통의 근원: 인정받고 싶은 욕구

　일생을 살아가는 동안 사람들은 많은 고통을 겪는다. 삶의 기반을 흔들어 놓을 만큼 불행한 사건은 아니어도 소소한 일상 어디에나 괴로움은 도사리고 있기 때문이다. 제때 식사를 하지 못할 때나 길을 가다가 넘어질 때, 간발의 차이로 버스를 놓칠 때, 친구가 자신의 능력을 무시할 때, 상사에게서 업무에 대한 비난을 받을 때, 계획한 일이 뜻대로 되지 않을 때 등등 괴로움은 어디에나 있다.

　비록 그 정도는 달라도 이것들은 우리의 마음에 고통을 안겨준다. 특히 '남들은 모두 다 행복해 보이고 웃는 낯빛인데, 왜 나만 이렇게 괴로울까'라는 생각이 들 때면 참을 수 없을 만큼 고통스러워진다. 이처럼 남과 비교하는 가운데 갖게 되는 상대적 빈곤감은 고통의 가중치를 크게 높인다.

고통을 느끼는 일들 중에서, 식사시간을 놓치거나 길에서 넘어지는 일 등은 약간의 기분 전환만으로도 고통을 해소할 수 있다. 늦게라도 밥을 먹으면 되고, 툭툭 먼지를 털고 자리에서 일어나면 그만이기 때문이다. 게다가 이런 일들은 일상적으로 일어나는 일이므로, 지나치게 집착하면서 '인생은 고해'라는 식으로 한탄만 한다면, 일의 심각성이나 빈도와 관계없이 오히려 어리석어 보이기까지 한다. 이런 일들은 인생을 고해로 몰아갈 만큼 결정적이거나 극복할 수 없을 만큼의 구속력을 지니는 일이 아니기 때문이다.

이에 반해 조롱이나 비난, 무시 등과 관련된 고통 중에는 혼자만의 기분 전환이나 한순간의 노력만으로 해소하기 어려운 것이 많다. 더욱이 인간은 혼자 힘으로 태어난 존재가 아니라, 삶의 조건에 영향을 받을 수밖에 없으므로, 이러한 사회적 조건이 극복할 수 없는 한계로 다가올 때 심한 고통을 느끼게 된다.

한 개인의 삶에 영향을 미치는 사회적 조건으로는 자기 자신을 둘러싸고 있는 타인들과, 더 나아가 자신이 그 타인들과 맺고 있는 다양한 형태의 관계들을 생각해 볼 수 있다. 나를 둘러싼 타인과 더불어 형성된 사회적 관계는 거부할 수도 없고, 폐기할 수도 없는 조건들이다. 이들 사회적 조건은 ― 더 구체적으로 이야기하면 ― 타인들과 더불어 살아가야 하는 '공동체'는 물론 공동체를 유지하는 기본적인 '질서', '법' 그리고

'제도' 등을 포함한다. 이것들은 나의 관여 없이 이미 예전부터 형성되어 있었으며, 태어날 때부터 주어져 있던 삶의 조건이기도 하다.

이처럼 사회적 조건은 고정 불변성을 지니는 것처럼 보이지만, 사실 나 자신의 힘에 의해 그리고 타인과의 합의를 통해 변경하거나 새롭게 형성할 수 있다. 그러나 그렇다고 해서 법과 제도를, 그리고 사회적 조건과 공동체적 관계를 아예 폐기할 수 있는 것은 아니다. 여전히 그 구속성은 남아있기 마련이다.

사회적 조건과 공동체적 관계가 낳는 구속성을 감안할 때, 나의 욕구는 전적으로 충족될 수 없다. 사소한 일임에도 불구하고 사소함 이상의 고통을 느끼는 것은 바로 이러한 사회적 조건이 지닌 구속성 때문이다. 내가 원하는 모든 일이 전적으로 나에 의해서만 결정되고 실행되는 것이 아니라는 것이다. '나의 욕구'는 알게 모르게 '타인의 욕구'와 연관되어 있고, 그래서 어느 누구에게나 타인으로 인해 궤도를 수정해야 하는 일이 생겨나곤 한다. 계획을 세우고 실행하는 과정에서 공동체 구성원인 타인과 만나게 되고, 그들이 지닌 서로 다른 욕구로 인해 충돌이 빚어진다. 설령 모두가 동일한 욕구를 지니고 있다 하더라도, 자신의 욕구를 충족시키는 것에 우선순위를 두다 보면 갈등을 피할 수 없다.

갈등과 충돌이 생긴다는 것은 달리 말하면 '자신의 욕구'가 타인에 의해 인정받지 못하고, 반대로 자신도 '타인의 욕구'를 인정하지 않음을 의미한다. 그러므로 갈등과 고통을 완화시키기 위해 '나의 욕구'와 '내가 지닌 욕구가 정당하다는 것'을 타인에게서 인정받는 것은 인간의 삶에 있어서 무엇보다도 중요하다.

나의 계획이 회사 발전에 중요하다는 것, 나의 작업 결과가 뛰어나다는 것, 내가 능력이 많으니 보수를 많이 받아야 한다는 것, 내가 명민하다는 것 등에 대한 인정을 상대방에게서 얻어내야 한다. 그럴 때, 비로소 고통은 사라지고 행복이 찾아오기 때문이다.

일상생활에서 나타나는 고통과 행복은 이렇듯 인정 욕구에 의해 좌우되므로, 삶을 깊이 있게 들여다보면 인간의 모든 행동은 인정 욕구를 충족시키려는 노력의 연속임을 알 수 있다. 그러나 공동체의 한 구성원으로 태어난다는 것과 인정 욕구를 모두 충족시킬 수 없다는 것은 인간이 지닌 서글픈 실존적인 현실이다.

이렇듯 고통의 발생과 해소는 한 개인이 공동체의 구성원으로서 타인과 맺고 있는 사회적 관계와 관련되어 있으므로, 자신의 삶의 조건을 벗어날 수 없는 고통은 심각한 것으로 느껴지기 마련이다. 뿐만 아니라 사회가 이러한 '조건에 대한 탈피'를 '구조적으로' 가로막는 경우에는 더욱 심각한 고통이 뒤따른다. 인간은—자신이 속한 공동체를 버리고 떠나지 않는 이상—공동체의 질서를 따라야 하고, 공동체의 비합리적인 경향과 공조해야만 한다. 사회가 조건에 대한 탈피를 의식적으로

가로막는 것은 아니지만, 이미 형성되어 있는 사회적인 구조 자체가 개인의 삶의 변화를 암묵적으로 가로막기 때문이다.

예컨대 아주 가난한 집안에서 태어났기 때문에, 학교 교육을 제대로 받지 못한 사람을 생각해 보자. 그도 남들처럼 대학교에 다니면서 공부하고 싶겠지만 생활비를 벌기 위해 학업을 포기해야 한다. 이른바 'IMF 사태'가 터진 이후에 신용불량자가 된 중류층 가장의 경우에는, 그가 아무리 재활의 의지를 불태운다 해도, 무슨 수로 불어나는 빚을 감당할 수 있겠는가, 태풍 '매미'의 여파로 수해를 당한 사람들 중에는 학교 수업료조차 내지 못해 퇴학을 당하거나 자퇴하는 학생들도 부지기수에 달한다고 한다. 현재의 어려움이 그 자신에게 그치지 않고 후손에게 이어지기도 한다. 이처럼 현재의 소득 수준은 자신뿐만 아니라 자녀의 교육 여건과 미래의 삶에까지 영향을 미친다.

가난이라는 삶의 조건에서 벗어나서 자신이 꿈꾸는 미래를 향해 나아가려면 경제·교육·제도적 여과 장치를 거쳐야 한다. 그러나 대부분의 경우 현재의 가난이 그러한 여과 장치를 통과하지 못하도록 발목을 잡는다. 가난에서 벗어나려는 노력은 선택이 자유로운 사회로 진입하려는 몸부림이지, 가난에도 불구하고 능력을 인정받겠다는 의지이지만, 돈이 없다는 이유로 그들이 지닌 능력은 사회에서 의미 있게 받아들여지지 않는다. 달리 말하면 현재의 빈곤이 자신이 처한 계층을 탈피하지 못하도록 만든다는 것이다. 그래서 사회가 구조적으로 '계층'

간의 위치 이동을 가로막는 것처럼 보이고, 급기야 계층 이동이 불가능한 '계급'처럼 느껴지는 것이다.

왜 '계층'이 '계급'처럼 느껴지는 것일까. 가령 개인적으로 많은 공부를 하여 의학 지식과 기술이 뛰어나지만, 대학 교육을 받지 못해 의사가 될 수 없는 경우를 생각해 보자. 이것은 대학 교육이라는 제도적 장치에 의해 그의 의학 실력이 무시당하는 사례이며, 여기에서 사회적 조건은 극복할 수 없는 한계로 다가온다. 또한 어떤 학생이 의대를 진학하여 학업을 무사히 마치고 의사 자격증을 취득한 후에 모병원에 취직하려고 하는 상황을 생각해 보자. 병원에서 의사를 채용할 때, 당사자의 배경이나 재산, 부모, 학벌을 암암리에 고려한다면, 그는 실력이 출중할지라도 배경이 안 좋아서, 특정 대학의 출신이 아니라서, 상류층이나 부유층이 아니라서, 특정 지역 출신이 아니라서 경쟁에서 밀리게 된다. 만약 의사를 부모로 둔 사람이 취업에 유리하다면 어떡하겠는가.

자신의 가난으로 인해 후손들까지 어려운 환경을 이어받는 경우처럼, 자신의 부와 권력 때문에 후손들에게 사회적 부와 권력이 이어지는 경우도 얼마든지 재현될 수 있고, 현실에서 실제로 재현되고 있다. 오늘날 한국 사회에서 나타나는 직업 계승의 양태를 보면, 정치인 자녀가 정치에 입문하고, 교수 자녀가 교수가 되는가 하면, 연예인 자녀가 연예인이 되는 경우가 많다. 사실상 의식적으로 그들의 자녀들에게 특혜를 주는 일이 없으며, 특혜를 줄 수 있는 내규가 없다고 해도, 그들의 삶의 조건은 이미 특혜를 받도록 형성되어 있고, 또 그렇게 되는 것이 현재 한국 사회의 삶의 구조이다.

계층 이동이 불가능할수록 좌절감은 더 커질 수밖에 없다. 좌절감이 크면 클수록 이룰 수 없는 욕구에 대한 성취의 강도도 높아지기 때문에, 욕구를 실현하기 위해 때로는 자살을 하거나 엽기적인 행각을 벌이는 사람도 있다.

인간을 심각하게 좌절하도록 만드는 욕구는 다양하다. 그러나 인간의 삶에 치명적인 결과를 낳는 가장 중요한 근간은 무엇보다도 '인정에 관한 욕구'이다. 사람들은 타인에게서 자신의 욕구를 인정받지 못할 때 고통을 느낀다. 그렇다고 사람들이 고통을 수동적으로 감내하는 것으로 그치는 것은 아니다. 때로는 "짜증나"를 연발하기도 하고, "나는 왜 되는 일이 없어"라고 한탄하거나, 자연스레 나오는 권위 내지 카리스마를 발휘하여 상대방이 나의 의지에 자발적으로 따르도록 만드는 경우도 있다. 상대방이 자신의 뜻대로 하기를 바라는 마음에서 버럭 화를 내기도 하고, 때로는 상대를 설득하기도 하고, 설득하지 못하더라도 깊은 인상이라도 남기려 한다. 그래도 직성이 풀리지 않으면 힘이나 폭력을 이용하여 자신의 뜻을 억압적으로 관철시키기도 한다. 그렇게 해서라도 인정을 받고 싶은 것이다. 이와 반대로 계층의 구속성을 지닌 사회적 조건을 바꾸기 위해 제도권에 도전하는 사람도 있다. 그러다 보면 소소한 갈등과 충돌의 골이 깊어져서 심각한 싸움으로까지 발전하기도 한다.

그러므로 인정과 관련된 인간의 욕구와 그 중요성에 대해 천착해 볼 필요가 있다. 타인과 사회로부터 인정받고 싶어 하는 인간에게 나타나는 '인정 문제'와 '인정을 위한 싸움'을 주제화하고, 그에 대한 근거를 논리적으로 전개한 철학자 중의 한 사람이 '헤겔'이다. 그가 말한 인정이 단순히 심리적인 인정을 의미하는 것은 아니지만, 인정의 근거 및 그것의 논리적 구조를 '인정 욕구'와 '인정 투쟁'이라는 개념으로 정착시켰기 때문에 심리적 인정이든, 정치적 인정이든, 제도적 인정이든, 경제적 인정이든, 사회적 인정이든, 실존적 인정이든 간에, 헤겔의 주장은 되풀이되어 인용되곤 한다.

물론 인간이 지닌 욕구가 '인정 욕구'만 있는 것은 아닐 것이다. 또한 충돌을 야기하고 고통을 수반하는 사회 문제가 인정 욕구와만 관련이 있는 것도 아니다. 그러므로 인간이 지닌 욕구를 포괄적으로 이해하는 가운데 인정 욕구의 위치를 가늠하고, 다른 욕구와 인정 욕구의 관계를 파악해야 고통의 해소 또한 다층적으로 논할 수 있다.[1]

# 인간 욕구의 두 갈래: 자연적 욕구와 의식적 욕구

인간이 욕구를 느끼는 것은 '무엇인가'가 자신에게 '결핍' 되어 있다고 생각하기 때문이다. 사람들은 자신에게 '있어야 할 것'이 '있지 않다'고 생각할 때 결핍감을 느낀다. 결핍에는 인간에게 반드시 있어야 하고 만약 있지 않으면 기본 생활을 유지하는 데 지대한 영향을 미치는 것도 있고, 없어도 그만이 지만 그저 소유욕 때문에 느끼는 것도 있다. 어떤 이유에서든 '있어야 할 것'이 있기 않이 '결핍감'을 느낀다면, 그 무엇인 가를 채우기 위한 노력과 행위가 뒤따르게 된다.

간혹 자신에게 필요한 조건이 현격하게 부족한 데도 불구 하고, 그에 대한 결핍감이나 그것을 충족시키려는 욕구를 전 혀 느끼지 못하거나, 또한 욕구 자체를 억누르면서 자신에게 있는 것을 타인에게 나눠주는 사랑과 봉사의 정신을 지닌 사람도 있다. 그에 반해 이미 많은 것을 누리고 있음에도, 더 많은 결핍감을 느끼는 사람도 있다. 또한 어떤 상황에서도 최고의 대우를 받아야 하고, 최고로 많은 것을 가지지 않으면 견디지 못하는 사람도 있다. 인간의 욕구에 표준이나 정도를 제시하는 것은 그리고 행복감과 만족감에 대한 객관적인 척도를 제시하는 것은 쉬운 일이 아니다. 욕구와 행복은 사람에 따라 혹은 시대에 따라 다르며 그만큼 다양하기 때문이다.

생존에 절대적으로 필요한 것을 원할 때 일반적으로 이를 '욕구(need)'라고 한다. 이에 비해 생존에 절대적으로 필요한 것이 아닌 것을 원할 때 이를 '욕망(desire)'이라고 한다. 이런 구분에 따르면 욕구는 인간에게 기본적이고 본질적인 것이고, 욕망은 파생적이고 비본질적 것이다.

이와 별도로 욕구나 욕망은 아니어도 바람직한 삶을 실현하기 위해 필요한 인간의 '본래적 본성'인 '인간성'의 실현 또한 절대적으로 요구된다. 욕구와 욕망은 기본적으로 인간이 '원하는 것'이며, 그 내용에는 인간 본성의 발현과 계발이 담겨져 있다. 그러므로 "욕구와 욕망을 충족시켜 궁극적으로 실현하고자 하는 목적이 무엇인가"를 문제 삼을 때, 그 귀착점은 인간성의 실현이라고 할 수 있다.

그럼 여기에서 말하는 '본래성'은 무엇인가. 흔히 이성, 도덕성, 문화성, 창조성 등이 인간의 본래적 본성으로 거론된다. 그러나 본래적 본성인 인간성은 이성과 구분되는 욕망에 영향을 미치며 욕망 또한 인간성의 실행과 관련이 있다. 마찬가지로 감정은 이성과 구별되기는 하지만 분리되는 것이 아니며, 욕구와 욕망이 담아낼 수 있는 영역은 생각보다 아주 넓다. 그러므로 이 글에서는 개념상의 구분이나 의미 차이를 고려하지 않고, 욕구와 욕망을 모두 임의적으로 '욕구'로 – 혹자는 욕구보다는 욕망으로 – 통일한다.

인간의 욕구는 크게 '자연적 욕구'와 '의식적 욕구'로 대별된다. '자연적 욕구'는 그것에 대해 관심을 갖고 있지 않고, 일부러 의지를 발휘하지 않아도 자신도 모르게 일어나는 '무의식적 욕구'이다. 이에 반해 '의식적 욕구'는 인위적으로 의지를 발휘하고 자각적인 행위를 개입시키는 것이라서 '비자연적 욕구'라고 할 수 있다. 비자연적 욕구를 실현하기 위해서는 자연성을 넘어서는 삶의 조건과 사회적 조건이 필요하므로, '사회적 욕구'라고 말할 수도 있다. 그래서 자연적 욕구와 비자연적 욕구, 자연적 욕구와 사회적 욕구, 무의식적 욕구와 의식적 욕구로 욕구의 갈래를 나눌 수 있다.

이때 사회적으로 문제가 되는 '인정 욕구'는 비자연적 욕구에 속한다. 아울러 비자연적 욕구는 의식적 욕구이기도 하므로, '인정 욕구'는 의식적 욕구의 대표적 형태이기도 하다.

인간에게 있어 가장 기본적인 욕구는 생명을 유지하고 신체를 보존하고자 하는 욕구이다. 생명 보존에 필요한 생물학적 욕구이면서 의식주와 관련된 충동은 '자연적 욕구'라고 할 수 있다. 생명을 보존하고자 하는 욕구에는 자신의 생명을 보존하고자 하는 '개체 보존 욕구'도 있지만, 자신이 속한 종 전체의 생명을 보존하고자 하는 '종족 보존 욕구'도 있다.

자신의 개체를 보존하려면 무엇보다도 신체를 유지하고 활동할 수 있도록 신체에 끊임없이 에너지를 공급해야 한다. 따라서 '식욕'은 자신의 개체, 즉 자신의 생명을 보존하기 위한 가장 기본적인 욕구라고 할 수 있다.

생명 보존을 위해 에너지를 공급해야 할 순간에, 우리는 "아! 이제 점심시간이 되었으니 배가 고파야 하고 먹고 싶은 욕구가 생겨야 한다"라고 의식적으로 말하거나 생각하지 않는다. 이것을 의식하기 전에 벌써 우리의 배는 꼬르륵 소리를 내면서 배고픔을 알릴 것이다. 식욕은 "나는 식욕을 자각하는 존재인가" 아니면 "식욕 속에서 나는 자유로운 존재인가" 등과 같은 물음을 갖기 전에 때가 되면 저절로 느껴진다. 죽음을 눈앞에 둔 사람도 그러하다. 심지어 예전에 자살을 결심했던 친구조차도 끼니때가 되자, "배고프다"고 하면서 먹을 것을 찾았다. 자살은 생명 보존 욕구와 전적으로 배치되는 결심이 아니던가? 그럼에도 불구하고 식욕은 생명을 끊으려는 자의 행위 앞에서도 '풍성한 마지막 만찬'으로 의미 전환을 가져온다.

생명을 잘 보존한다고 해서 자신이 지닌 욕구가 모두 실현되는 것은 아니다. 우리 몸이 에너지로 충만해졌다고 할지라도 활동을 통해 에너지가 소비되고 이에 따라 노폐물이 축적되기 마련이다. 심한 노동을 하지 않아도 피로를 느낀다. 그러므로 먹는 것 이외에도 주기적으로 '휴식'을 취하는 일이 동시에 필요하다. 우리의 몸은 휴식의 필요성을 피곤함과 무력감을 통해 자연적으로 알려준다. 휴식에 대한 필요성이 보다 강도 있게 나타날 때 몸이 무거워지고 졸음이 쏟아진다. 이렇게 나타나는 수면욕은 자신이 의식하지 못하는 사이에 자연적으로 느껴지므로 의식적 욕구와 관계가 없다. 그러므로 '식욕'과 '수면욕'은 개체 보존 욕구의 구체적 형태인 것이다.

식욕과 수면욕 이외에 인간에게 강력하게 나타나는 또 다른 자연적 욕구는 '성욕'이다. 부지불식간에 나타나는 성적 충동은 누군가와 관계를 맺고 싶어하는 경향을 낳는다. 압도적으로 나타나는 이성애적 태도는 성적 충동을 해소하는 차원 이상의 다른 측면을 지닌다. 그것은 알게 모르게 '종족 보존 욕구'와 관련이 있기 때문이다.

종족 보존 욕구는 왜 일어나는가? 어떤 이들은 그저 성관계를 통해 얻게 되는 '쾌락'에 주안점을 두면서 종족 보존 욕구를 거부하기도 하고, 어떤 이들은 '종족 보존 욕구'를 자신의 생명과 신체를 보존하고자 하는 개체 보존 욕구와 연관시켜 인간 삶의 궁극적인 목적으로 간주하기도 한다.

인간은 식욕을 아무리 충족시켜도 언젠가는 몸이 늙고 쇠약해지며, 결국에는 죽음에 이르게 된다. 죽음이라는 거부할 수 없는 운명 앞에서 인간은 '허망함'과 '유한성'을 자각하게 된다. 그리고 이러한 극복 불가능한 운명으로 인해 갖게 되는 허망함과 유한성에 대한 자각은 다른 고통과 비교할 수 없을 만큼 강한 인상을 남긴다. 이 속에서 인간은 치명적인 한계를 느끼고 그 한계를 극복하고자 한다. 한계 극복에 대한 욕구는 '유한성'을 극복하는 것이고, 그것은 곧 고통을 근절하기 위해 '무한성'과 영원성, 즉 '불멸성'을 갖고자 하는 욕구로 나타난다.

중국의 진시황이 전 지역에 선남선녀를 보내 불노초(불사초)를 찾아오도록 한 것 또한 무한성과 영원성을 얻기 위한 욕심에서 나온 것이다. 현대 사회에서도 노화를 방지하는 약들이 개발되고 있고, 회춘을 위한 비법뿐만 아니라 외관상의 젊음이라도 유지하려는 지난한 노력이 계속되고 있다. 유전자 지도를 그리려는 노력에는 불치병을 치료하고자 하는 의학적 욕구와 더불어 생명의 신비를 밝혀 인간의 생명을 연장하려는 의도 또한 개입되어 있다. 죽음을 연기하고 또 연기하여, 급기야는 영원히 살고자 하는 욕구를 충족시키고자 하므로, 생명 연장을 위한 노력에는 영원한 삶에 대한 욕구가 내면에 깔려 있는 것이다.

그러나 '영원히 살고자 하는 욕구'는 현실적으로 실현되지 못하기에, 2세를 생산하여 자신의 생명성을 유지해 나가고자 하는 '종 보존에 대한 욕구'로 전환되어 나타난다. '개체 보존 욕구'가 가져다주는 허망함과 유한성에 대한 자각은 '종족 보존' 행위를 통해서라도 영원성과 무한성을 견인해 내려는 형태로 전개되는 것이다. "나는 죽지만, 나의 유전자를 보유한 후손은 재생산을 거듭하면서 영원한 삶을 이어간다"거나 "나는 죽지만 나의 후손 속에서 나는 영원한 생명성을 획득한다"라는 말 속에는 종족 보존과 개체 보존의 함수관계가 존재한다.

종족 보존 욕구는 개체 보존 욕구의 연장선상에서 인간에게 태어날 때부터 주어진 자연적인 욕구이다. 그런데 싱크족과 같은 새로운 가족 패러다임이 등장한 오늘날에 와서는 2세를 원치 않는 젊은 부부들도 간혹 나타난다. 종족 보존 욕구의 자연성을 의문시하거나, 종족 보존 욕구가 성애 내지 결혼과 무관하다는 주장이 제기되는 것은 이 때문이다. 따라서 종족 보존 욕구를 신세대의 새로운 삶의 방식이라는 측면에서 접근할 필요가 있다.

그들은 이 험하고 힘든 세상을 자신의 아이가 어떻게 견뎌낼 수 있을까라는 막연한 두려움과 부부의 직업적 성취에 걸림돌이 된다는 생각 때문에 2세를 낳는 일을 포기한다. 사회 분위기와 개인적 가치관이 종족 보존 욕구의 중요성과 그것의 발현 정도에 영향을 미쳐 시대와 장소에 따라 2세를 낳는 일에 대한 내적 강도도 이처럼 달라질 수 있는 것이다.

상황과 조건에 따라 욕구 실현의 정도가 달라지고 욕구를 억압하는 경우가 있음에도 불구하고, 여전히 식욕이나 수면욕에 기초하는 개체 보존 욕구와, 성욕에 기초하는 종족 보존 욕구가 인간의 기본적인 자연적 욕구라는 것에는 변함이 없다.

욕구를 느끼는 인간이 간혹 "배고프다고 의식하지 않아도 나는 왜 배고픔을 느끼는가" 또는 "왜 나는 식욕에서 자유롭지 못할까"라는 생각을 할 수는 있다. 그렇다고 해서 자연적 욕구 때문에 자신이 자유롭지 못하다거나 이성적이지 못하다고 생각하지는 않는다. 자연적 욕구들은 의식적으로 발현되는 것이 아니므로, 자유와 이성에 대한 자각을 필요로 하지 않기 때문이다. 식욕을 느끼는 인간은 배고픔을 충족시키기 위해 그저 외적 대상을 먹어치우면 그만이다. 대상을 먹어치우려고 하는 '자연적 충동'은 배고픈 위를 감각적 대상으로 채워넣는 데 몰입한다. 여기에서 의식적인 행위는 중요하지 않고, 타인의 욕구나 타인을 인정하는 문제에 대해서도 무관심하다. 타인은 그저 나의 욕구를 충족시켜 주는 대상 저편에 있는 '흐릿한 배경'에 지나지 않기 때문이다.

그러나 나의 욕구를 실현시키다 보면 부지불식간에 대상 저편에 '배경으로 남아있던 타인'이 부각되고 살아난다. 내가 욕구를 느끼고, 그 욕구를 충족시키는 것은 전적으로 나에게 달려있지만, 나의 욕구를 실현시키는 '대상' 내지 '음식물'은 나에게만 의미를 지니는 것이 아니기 때문이다. 타인도 나처럼 욕구를 느끼며, 생명 보존 욕구를 충족시키기 위해 현재 내가 원하는 대상을 원할 수 있다.

이때 식욕을 충족시키는 대상이 풍부하다면 그다지 문제가 되지 않지만, 만약 그 대상이 부족하다면 어떻게 될까? 아마도 그것을 획득하기 위한 싸움이 벌어질 것이 분명하다. 이런 싸움 앞에서 나의 자연적 욕구는 이제 '대상과의 관계'에 그치지 않고 '타인과의 관계'를 함축하게 된다. 식욕이라는 자연적 욕구를 충족시키는 행위는 그 이면에 타인과의 관계, 타인과의 싸움이라는 '인간적 관계'를 배태하고 있는 것이다. 이런 상황을 적극적으로 받아들이면 나에게 타인은 더 이상 '공허하고 흐릿한 배경'이 아니라 뚜렷하게 부각되는 '배타적 대립항'으로서 자리 잡게 된다.

성적 충동 문제를 염두에 두면, 배타적 대립항을 좀더 분명하게 이해할 수 있다. 성적 욕구를 충족시키려면, 음식물을 먹어치우거나 잠을 자는 행위와 달리, '욕구 충족의 관계항'이 되는 '타인'이 항상 필요하다. 그러므로 성욕에 관한 한, 욕구 충족의 대상은 뚜렷하게 부각되며, 상대방은 나와 같은 인간으로 마주 서게 된다. '식욕'의 상대물인 '음식물'과 달리, '성욕'의 상대물인 '다른 인간'은 나의 일방적인 요구에 굴복하거나 내가 임의대로 좌지우지할 수 있는 대상이 아니다. 나의 욕구를 충족시키려면 타인의 욕구에 대한 고려가 있어야 하고, 서로에게서 자신과의 관계를 받아들이겠다는 일종의 '인정'이 있어야 한다. 즉 타인이 나의 욕구를 수용할 때 욕구 실현이 가능해지는 것이다.

이처럼 자연적 욕구는 자신의 욕구만 충족시키면 그만일 것 같지만, 암암리에 '타인과의 관계'를 문제로 등장시킨다. 자신의 욕구를 충족시키기 위해 타인을 의식하고 타인을 고려하지 않으면 안 되며, 더 나아가 자신의 욕구를 타인에게서 인정받는 의식적 과정이 없으면 자연적 욕구의 실현도 그만큼 힘들어지는 것이다.

자연적 욕구는 사회적 욕구와 분명하게 구별되지만, 욕구를 실현하는 과정에서 사회적 욕구와 긴밀하게 연결된다. 자연적 욕구에 대한 이해는 사회적 관계 속에 있는 인간에 대한 이해를 동반한다.

# 의식적 욕구에 대한 자각:
## 자연적 욕구에서 인정 욕구로

　자연적인 욕구를 실현하는 과정에서도 인간관계는 중요한 매개 고리로 등장한다. 대부분의 사람들은 흐릿한 배경으로부터 전면에 등장한 배타적 타인에게 '인정받고 싶은 욕구'를 드러내며, '욕구의 중요성'을 점차 자각하게 된다. 자연적 욕구는 ― 비록 의식적 욕구는 아니지만 ― 인정의 욕구라는 의식적 욕구를 자극하고, '시선을 접합'할 수 있는 여지를 만들어준다.

　자아를 자각할 수 있는 가능성은, 인간의 식욕에서도 찾을 수 있다. 생명을 지속적으로 보존하려면 식욕을 충족시켜야 하고, 식욕을 충족시키는 대상이 외부에 있어야 한다. 만약 그 대상이—고갈될지도 모른다고 걱정할 필요가 없을 정도로—
누구에게나 풍부하게 주어진다면, 그다지 심각한 문제는 발생
하지 않는다. 그러나 그 대상이 풍부하지 않다면, 지칠 줄 모
르는 식욕을 충족시키기 위해 섭취 가능한 대상을 계속해서
생산해야만 한다. 욕구 충족을 위해 끊임없이 대상을 생산한
다고 해도, 식욕이 멈추지 않는 한, 그 대상은 여전히 부족할
것이다. 이처럼 식욕의 대상인 음식물의 생산과 소비가 반복
되는 과정에서 '새롭게 덧붙여지는 규정'은 아무것도 없다. 즉
음식물 섭취가 반복될 때, 사람들은 욕구와 포만감을 느낄 뿐,
새로운 정신성을 획득하거나 '자아를 계발'하는 일은 결코 일
어나지 않는다는 것이다.

　물론 인간이 식욕을 충족시키면서 아무것도 배우지 않는다
는 것은 아니다. 자연적 욕구를 통해 '의식적 욕구를 자각'하
고 '자아로 시선을 전환'하는 '일말의 여지'를 고려한다면 더
욱 그러하다. 식욕은 의식적 욕구가 아니며 자아에 초점을 맞
추지는 않지만, 음식물을 섭취하는 가운데 인간은 새로운 지
식을 얻고 축적할 수 있는 여지를 지니게 되기 때문이다.

　세상에 대해 별다른 지식을 갖지 못하고 인지 능력도 미약
한 태초의 원시인이라고 해도, 자연적 욕구를 해소하기 위해
무엇인가 먹을 것을 찾았을 것이다. 물론 처음에는 닥치는 대
로 음식물을 입에 가져가겠지만, 머지않아 그런 행위 가운데
서도 음식물이 지닌 독특한 모양과 특징을 일정하게 기억하거
나 의식하는 과정이 뒤따를 것이다.

어떤 대상은 입에 넣기도 전에 후각을 통해 유쾌함이나 불쾌함을 주기도 한다. 칸트의 논문「추측해 본 인류역사의 기원」에서는 인간이 음식물에 최초로 접근한 방식은 후각 경험[2]이었으며, 후각에 불쾌감을 주는 대상은 원시인조차도 가급적 손을 대지 않았을 것이라고 설명한다. 물론 유쾌함이나 불쾌함은 후각에만 국한되지 않고 미각으로도 얼마든지 경험할 수 있다. 후각적이든 미각적이든 어떤 대상을 통해 몸에 해로운 증상이 나타난다면, 원시인은 그 대상을 생명과 신체의 안전을 위협하는 존재로 깨닫게 될 것이다.

이 과정을 통해 이제 음식물은 식욕을 해소하는 대상으로만 기능하지 않는다. 즉 음식물은 인간의 몸에 '해로운 것'과 '해롭지 않은 것' 또는 '독약'과 '약'처럼 비교를 통해 분류되기 시작한다. 경계가 형성되고, 몸에 좋은 것과 해로운 것, 먹을 수 있는 것과 먹을 수 없는 것이라는 이분법적 구조가 모든 대상에 적용되는 것이다. 이러한 구분이 설령 인간 중심적 구분이라고 해도 대상 자체의 본질적 규정인 것처럼 간주되기 시작한다.

대상에게 투영된 인간 중심적 시각과 구분이 대상 자체의 규정이 아니라면, 대상을 이분법적 구도로 나누고 이분법으로 환원시키는 것은 문제가 있다. 분류 방법과 분류 근거가 인간 중심적이라면 이분법적 경계도 모호해진다. 경계가 모호하다면 때로는 해로운 것이 해롭지 않은 것이 되고, 독약이 약이되는 경우도 있을 것이다. 처방전이 뒤바뀐 경우를 생각해 보

자. 처방전이 뒤바뀌어 다른 환자가 먹어야 할 약을 대신 먹은 환자는 혼수상태에 빠지기도 한다. 두 명의 환자에게 처방된 약은 각각의 환자에게는 독약이 아니라 '약'이다. 그러나 복용자의 위치가 바뀌었을 때 약은 '독약'으로 둔갑한다. 동일한 약인데도 불구하고 어느 곳에 사용되느냐, 어떤 사람에게 사용되느냐에 따라 정반대의 결과를 낳는 것이다.

이런 모호성을 염두에 둔다면, '독약은 약'이고, '약은 독약'이 된다. 그렇기에 푸코와 데리다 같은 포스트모더니즘 철학자들은 존재 전체를 이분법적 구도에 의해 가르는 태도를 직시하면서 명확한 경계 설정과 이분법을 비판하고, 그것들이 낳는 폐해를 바로잡으려고 했다. 니체도 『도덕의 계보』에서 '좋음'과 '나쁨'이 극단화되어 '선'과 '악'이라는 구분이 생겼다고 주장한다. 애초에는 선과 악이 설정되지도 분명하지도 않았는데, 인간의 사유 논리 때문에 좋음과 나쁨이 극단적으로 분리되면서 선과 악으로 이원화되고 가치 평가가 배타적으로 대립하는 선악 이분법이 형성되었다는 것이다.[3]

이들의 비판에도 불구하고 해롭지 않은 것과 해로운 것, 약과 독약, 좋음과 나쁨, 선과 악이라는 구분은 인간의 삶에 있어서 여전히 중요한 개념이다. 독약은 약이라는 개념과 동일한 어원을 지니며, 때로는 동일하게 사용되지만, 독약을 먹어서는 안 된다는 점은 경험적으로 유효하다. 또한 두 개념의 경계를 모호하게 만드는 발상에는 이미 두 개념의 구분과 경계를 전제하고 있다. 구분과 경계라는 장치가 낳는 효과와 그것

의 존재론적 의미는 정도 차이에도 불구하고 여전히 가치를
지니고 있는 것이다.

이분법적 구분의 역사적 출발점에 해당하는 '먹을 수 있는
것'과 '먹을 수 없는 것'의 구분은 '나와 동일화될 수 있는 것'
과 '나와 동일화될 수 없는 것'이라는 발상을 낳는다. 그리고
여기에서 '동일성과 비동일성'이라는 개념이 등장한다. 자신
과 일체가 될 수 있는 것과 일체가 될 수 없는 것이라는 구분
속에서 이성적인 사고가 시작되고, 이전까지 몰랐던 새로운
개념들이 도출되기 시작한다. 자연적 욕구를 실현하기 위해
자연물을 섭취하는 과정에서 이런 식으로 새로운 지식이 생겨
난 것이다. 이처럼 자연적 욕구를 충족시키는 행위에서 인지
능력의 발달을 배제할 수는 없다. 자연적 욕구를 충족시키는
과정에서도 이성 능력은 개입하고 있으며, 또 그 속에서 이성
이 계발되기 때문이다.

이 논의에 따르면 인간 본성인 '인간성'은 자연적인 욕구
뿐만 아니라 이성 능력까지 포괄한다. 칸트에게는 자연적 욕
구를 발휘하는 것은 간접적이고, 우회적이지만 인간성을 계발
하고 도야하는 데 중요한 역할을 한다. 자신의 이기적 욕구를
충족시키다 보면 타인의 이기적 욕구와 충돌하게 마련이다.
충돌과 갈등 속에서 자신의 욕구를 관철시키기 위해 인간은
나태해지려는 태도를 고치고, 좀더 고도의 능력을 가진 자가
되고자 노력한다. 그 결과 우회적으로 인간성과 도덕성이 계
발된다. 칸트는 이기심이 반사회적이지만, 결과적으로 인간성

을 계발시키고 사회 발전을 낳기 때문에 '반사회적 사회성'[4]
이라고 규정한다. 그러나 인간성은 자연성과 다르다. 양자 간
에 상호 작용하는 측면도 간과되어서는 안되지만, 인간성은
이성과 도덕성으로 간주되며, 따라서 자연성과 구분하여야
한다.

　인간은 원래―마치 고대 원시인에 비유하여―이 세상에 홀
로 던져졌고, 그들이 던져진 공간은 원자적 개인들의 자연 상
태였다고 가정하는 철학자들이 있다. 이들은 홉스, 로크, 루소
등의 사회계약론자로서 근대에 확정된 자연법적 기본권을 주
장하면서 국가 공동체의 임의적 모델을 전개한다. 이들에게
인간성은 자연적 욕구에 밀착해 있으며, 자연 상태에서 나타
나는 이기적 욕구 및 이해관계에 따른 행위가 사회 형성과 발
전을 가져왔다고 주장한다. 이기적 상태를 극복하고 계약을
맺으려면 이성 능력과 그에 따른 이성적 원칙의 작동이 필요
하다. 그래서 이성의 발휘는 이기성, 즉 자연적 욕구를 극대화
하기 위한 전략에서 나왔다는 것이다. 이로 인해 사회 내지 국
가가 형성된다고 보았다. 이와 달리 인간의 본성 내지 인간 역
사의 전개를 주장하면서 사회계약론의 입장을 비판했던 선험
주의자나 변증법주의자들은 국가 공동체의 임의성보다는 필
연성과 필연적 모델을 제시한다.

　어떤 입장에 서있든지 간에, 인간은 미개발되고 무지몽매한
상태로부터 점차적으로 이성 능력을 계발해 나갔다. 계발 가
능성은 누구에게나 열려 있고, 계발의 '단초'는 음식물을 섭취

하거나 수면을 취할 장소를 마련하도록 만드는 자연적 욕구와 관련된다. 물론 이성 계발의 직접적 원동력은 자연적 욕구보다는 — 인정 투쟁과 관련시키면 — 노동 행위이지만, 자연적 욕구는 인간성 계발과 긴밀하게 연관된 단초이다.

자연적 욕구에 대한 반성과 그로 인한 이성의 계발에는 — 미약하든 아니면 강력하든 간에 — 이미 이성이 작용하고 있으며, 이성을 전제하지 않고서는 논할 수 없다. 그러나 처음에는 이성과 관련된 '인간 내면에 대한 자각'과 '자아에 대한 반성'이 일어나지 않았다. 음식물 섭취에 온 정신이 몰입된 단계에서는 '대상에 대한 욕구'에 집착하므로 '자신'과 '자신의 이성 능력'으로 시선을 전환하기보다는, 이성과 사고 발달의 단초를 마련하는 단계에 머무를 뿐이다.

시선의 전환을 통해 자신을 '직접적으로 반성'하는 문제는 자연적 욕구의 관심사가 아니라 '의식적 욕구'의 관심사이다. 사람들은 자연적 욕구가 지배하는 자연 상태에서 자유로울 수 있다고 생각하지만, 계속되는 욕구의 충족은 사실상 '우연'에 의해 지배되므로, 이 속에서는 전적으로 자유로울 수 없다. 마음대로 음식을 먹으려고 해도, 음식 섭취를 제한하는 측면들이 도처에 깔려있다. 대상을 먹어 없애는 무차 작용 이상으로 나아갈 수 없는 '대상 제약적 한계'가 식욕이라는 자연적 욕구를 좌지우지하고 있기 때문이다.

자연적 욕구의 작용이 대상에 대한 지식을 축적시키고 그로 인해 자연물에 대한 개념화를 야기하기 때문에 자연적 욕구에서도 이성 계발과 인간성이 거론될 수는 있지만, 자신의 내면으로 시선을 돌려 자신에 대해 자각하고 되돌아보는 반성 능력은 결여되어 있다. 자연적 욕구를 충족시키는 가운데 형성되는 지식은 자신에 대한 사유로서 '자아'와 '자기의식'적 지평을 도출하지 못하고 전 단계에 그칠 뿐이다.

자연적 욕구에서 벗어나 의식적 자각을 하려면 먹어치우는 데서 끝나서는 안 되고, 자아의 고유한 규정들을 덧붙이면서 자아를 반성적으로 정립하는 측면이 작동해야 한다. 욕구를 충족시키기 위해 대상을 먹어치우는 데에 몰입하기보다는 자연적 욕구를 부정하고, 먹어치울 대상을 자기와 맞서 있는 대상으로 상정해야만 한다. 즉 자기 외부의 대상을 독립적 존재로 정립해야 하는 것이다.

객체를 독립적인 존재로 정립하는 것은 음식물을 저장하고 축적하는 차원으로도 이해할 수 있다. 그러나 대상을 독립적인 존재로 정립한다고 해도, 여기에서 새로운 규정을 얻으면서 자기를 계발하려면, 대상을 보존하는 축적 행위만으로는 한계가 있다. 자기 발전은, 첫 번째로 자기 외부에 객관적인 존재를 독립적으로 인정하면서, 두 번째로 나와 관계가 있는 형태로 정립하는 데서 나타난다. 나와 관계를 맺는 대표적 형태이면서 자기에 대한 자각을 낳는 분명한 형태가 헤겔에게는 '노동'이다. 대상에 노동을 가하여 대상을 부정할 때, 외적 존재는 소비되는 것이 아니라 독립성을 지닌 사물로 잔존(가공)할 수 있으며, 대상을 가공하는 노동 행위 속에서 나 자신의 능력에 대한 각인이 이루어진다. 그런데 만약 독립적 존재로 간주되는 대상이 인간이라면, 관계항이 되는 상대방도 나처럼 이성을 지니며 의식을 하는 존재이고, 자기에 대해 반성하는 자기의식적 존재가 된다.

상대방도 나와 똑같이 자아를 지닌 존재일 때, 내가 부정하는 작용은 음식물과 같은 대상과는 다른 의식적 발전을 낳는다. 그러므로 먹어치울 수 있는 대상이나 자연적 충동에만 귀속되는 것이 아니라, 자기 반성적 활동과 자아를 야기하는 독립적 존재가 필요한 것이다. 자연적 욕구를 실현하는 가운데 — 앞에서 이미 얘기했던 — 식욕, 성욕 등에서 처음에는 흐릿한 배경처럼 보였던 인간이 점차 부각되어 배타적 대립항으로 살아나는 장면을 상기한다면, 자연적 욕구는 인간관계를 배면에 지니고 있고, 그래서 욕구의 양태나 욕구의 대상 또한 달라질 수밖에 없다. 자기 외부의 독립적 존재로는 인간으로 정립되며, 이제 욕구는 은폐된 '인간관계'로, '인간에 대한 관심'으로, 더 나아가 '자아에 대한 자각'으로 나아갈 수 있게 된다.

생명 보존과 생물학적 욕구에만 관심을 갖는 자연적 충동이 먹어치울 수 있는 대상이 아니라 '독립적' 존재이면서 동시에 '자기의식적인' 대상을 만나게 될 때, 인간은 자연적 욕구 이외의 다른 욕구를 부각시키게 된다. 자연적 욕구에서는 간과되거나 제대로 실현할 수 없는 측면인 '자유'와 '창조적 이성'이 자각되고, 자신의 자유로움을 타자에게 현시하고 스

스스로를 독자적 인격체로 각인시키려는 욕구가 발생하는 것이다. 이 욕구는 의식적 욕구에 해당하는 '인정 욕구'이다. 인정 욕구는 타인에게서 자신의 자유와 인격을, 창조적 능력을 인정받고 싶어하는 욕구이다. 인정받고 싶은 욕구에는 자기 고유의 자유로운 본질을 현시하고 그 본질을 인격성과 창조성으로 정립하고자 하는 측면이 담겨있다.

인정 욕구를 지닌 인간은 자신이 이성적인 존재이며, 또한 자신을 스스로 반추해 볼 수 있는 존재라는 사실을 자각하고 있다. 그것은 단순히 대상을 인식하고 대상에 대해 고찰하는 의식에 그치는 것이 아니라, 자기 자신도 사물처럼 대상화시켜 바라보고 반성한다는 말이다. 전자는 외부 대상에 대한 의식이므로 '대상의식'이다. 반면 후자는 대상이 사물이 아니라 자기 자신이다. 즉 자신을 대상화하여 의식하므로 대상의식이면서 동시에 '자기의식'이다. 자기의식은 자신을 외적 자연물처럼 대상화시키기는 하지만, 대상화 속에서 인식되는 것은 바로 나이다. 자기의식은 나라는 대상을 통해 나를 반성하는 활동이므로 자기의식은 자기를 반성하는 활동이다. 그런 면에서 자기의식은 '활동성'이며, 자기를 반성하고 독자적으로 세우는 '주체적 활동성'이다.

이렇게 자신의 독립성을 정립하고 반성하는 활동성을 지닌 자는 자유로운 존재가 되며, 그 자유를 인간 삶에 다각도로 발휘하는 가운데 인간의 자유와 존엄성을 실현하게 된다. 인간이라면 누구나 존엄성을 타인에게서 인정받고 싶어 한다.

# 인정받을 수 없는 이유: 인정할 수 없는 이유

　　인정 욕구는 자연적 욕구만큼이나 강렬하고 중요하기 때문에 타인에게서 인정받지 못하면 누구나 그만큼 괴로워한다. 그러나 고통을 느끼는 데서 그치지 말고, '왜 나는 인정받지 못하는지'를 한번 생각해 보자.

　　이것은 타인의 입장에서도 마찬가지이다. 타인을 중심에 두고 나를 바라볼 때─내가 타인에게서 인정받지 못하는 것만 생각하지 말고 '나는 왜 타인을 인정하려 하기 않는가'라는 사실을 먼저 생각해 보자. 그러면 나도 타인을 인정하지 않고 있으며 그로 인해 타인도 나처럼 고통받고 있음을 발견하게 될 것이다. 타인도 그의 인정 욕구에 상응하는 인정을 제대로 받지 못하는 경우가 많다.

내가 타인에게서 인정받지 못해 고통스럽듯이, 입장을 바꾸어서 타인의 고통도 이해할 수 있을 터인데, 왜 나는 타인을 인정하지 않아 고통을 주는가. 그것은 인간의 마음 속에 들어 있는 생각과 욕구들이 동일하지 않기 때문이다. 나의 욕구는 타인의 욕구와 같을 수도 있고 다를 수도 있다. 만약 욕구가 다르다면, 나와 동일하지 않은 상대방의 욕구를 무시하게 되고 그로부터 갈등이 야기된다. 욕구들 간의 차이는 나와 차이가 있는 상대방의 욕구를 선뜻 인정하지 못하게 만든다.

이에 반해 나의 욕구가 타인의 욕구와 동일한 경우도 있다. 하지만 이 경우에도 갈등이 사라지는 것은 아니다. 왜일까? 욕구가 동일해도, 나와 타인은 서로 다른 독립적 존재이며, 그래서 누구나 '자기를 중심'으로 욕구를 충족시키고자 하기 때문이다.

자신의 생명을 보존하고자 하는 데서 나타나는 식욕을 생각해 보자. 내 앞에 다른 사람이 있어도 내 배가 고프면, 눈앞에 놓여있는 음식물을 먹으려 할 것이다. 내 배가 고프면, 타인의 배고픔과 상관없이 온통 나의 배고픔에만 신경을 집중시키게 된다. 나의 배고픔을 해소하려는 욕구와 나의 욕구에 주안점을 두는 태도는 '자기중심적 태도'이며, 무엇보다도 자신의 사적이고 특수한 욕구에 집착하는 것이다.

개인들이 지닌 욕구가 서로 동일하다고 해도, 나의 생명을 보존하기 위해 어쩔 수 없이 자기중심적이고 이기적인 선택을 하게 되며, 동일한 욕구도 타인과 차이를 지니는 욕구처럼 갈등을 야기하게 된다. 사람들은 어떤 욕구이든지 간에 자신의 이해관계를 먼저 관철시키려고 하는 이기성을 지닌다. 개인들이 지닌 이기적 욕구는 태생적으로 강렬하며, 강렬한 나의 욕구는 나를 중심으로 이루어지는 사적 욕구이다.

나의 욕구가 지닌 사적 성격은 나의 욕구를 타인의 욕구와 대립되는 전적으로 특수하고 개별적인 욕구로 만든다. 특수하고 개별적인 나의 욕구는 타인의 입장에서도 특수하고 개별적인 타인의 욕구와 같은 맥락에 놓인다. 즉 타인 또한 개인적 욕구를 지닌다. 뿐만 아니라 나처럼 자신의 이기적 욕구에서 나온 사적이고 특수한 욕구를 지니며, 이를 충족시키려 할 것이다.

나의 특수한 욕구와 타인의 특수한 욕구가 서로 자기중심적으로 작동하고, 서로가 자신의 욕구를 충족시키려 한다면, 욕구들 간의 충돌이 일어나는 것은 당연하다. 헤겔은 사적인 이해관계에 따라 움직이는 사회, 즉 자신의 특수하고 개별적인 욕구에 따라 움직이는 사회를 그의 책 『법철학』에서 '시민사회'라고 규정한다.

시민사회는 자연적이고 이기적인 인간들이 사적이고 특수한 이익을 관철시키기 위해 경쟁적으로 움직이는 사회이다. 이 속에서 개인들은, 자신이 지닌 권리가 무엇이고, 그 권리를 어떻게 실현할 수 있을까에 초점을 맞춘다. 그러다 보니 시민사회의 개인들은, 자신이 속한 공동체가 어떤 지향점을 지녀야 하는지 또는 공동체를 위해 나의 권리를 포기해야 하는지,

국가가 공동체적 삶을 최대한 실현하기 위해 필연적이고 정당한 기반을 지니는 것인지 등에 대해서는 관심이 없다. 시민사회의 개인에게 국가 공동체는 자연적 권리를 최대한 발휘하고 개인의 특수한 욕구와 자연적 의지를 최대한 실현하도록 도와주는 외적 장치에 지나지 않기 때문이다. 따라서 시민사회에서 개인은 자신의 이기적 욕구와 이윤을 극대화하는 데에 주안점을 둔다.

시민사회는 그리스 폴리스 공동체에도 적용될 정도로 오랜 역사를 지닌 개념이다. 그러나 시민사회를 사적 개인들의 특수한 욕구를 중심에 놓으면서 욕구들 간의 충돌에 몰입하는 의미로 한정시킨 것은 헤겔이다. 시민사회는 국가와 동일한 의미로 사용되어 왔기 때문에 폴리스 사회는 시민사회이면서 동시에 국가 공동체이다. 18세기의 칸트도 시민사회와 국가를 같은 개념으로 사용한다. 그러나 헤겔은 시민사회를 국가로부터 분리하여 독자적인 영역으로 정립하고자 했다.

이와 동시에 근대 사회에서는 개인들의 독자적 존립성과 권리를 자연으로부터 주어진 천부적 권리이며, 이 천부적 권리는 누구에게나 동일하게 주어진다는 점을 강조한다. 개인의 권리에 대한 강조는 사회에 대한 이해에도 변화를 가져온다. 개인의 독립성에 대한 자각, 개인의 주체성에 대한 자각, 개인의 권리에 대한 자각, 개인의 자유에 대한 자각이 공동체 내지 공동체의 목적보다 더 중요한 것으로 간주되고, 그래서 개인의 목적은 공동체의 형성과 목적에도 영향을 미치게 되는 것이다.

개인에 대한 자각은 자연법적 기본권에 수반되는 '인간 존엄성'에 대한 자각을 강조하고 공동체 중심적 발상에서 개인 중심적 발상으로 삶의 태도를 변형시킨다. 그리고 이제 공동체는 개인보다 우선적인 것이 아니라 개인의 목적을 실현하는 도구로 전락하게 되는 것이다. 개인의 존재 목적은 개개인의 사적 욕구와 권리를 실현하는 데에 있으며, 공동체의 목적과 질서는 개인의 목적이나 욕구를 '실현하는 보조물'이거나 아니면 '방해하는 폭력적 장치'로 간주되는 것이다. 개인의 욕구를 실현하는 데 방해가 된다면 더 이상 국가는 개인의 삶에 권한을 행사하는 절대 권력이 될 수 없기에, 국가는 욕구 실현을 위한 임의적 계약물로 취급되어진다.

개인의 욕구 실현을 보다 활성화하기 위해 국가 공동체에서 시민사회로 강조점을 옮길 때, 그 중심에 놓는 압도적인 측면은 생산력 발달에 따른 '경제적 변화'이다. 더군다나 산업혁명 이후 보편화된 '자본주의'는 시민사회의 특징을 형성하는 결정적인 요인이 된다. 이처럼 시민사회를 독자적 영역으로 정립하는 '경제적 측면'은 계속해서 중요하다.

시민사회에서 개인이 이기적이고 사적이며 특수한 욕구는 '경제적 욕구'로, 즉 자신의 경제적 이윤을 극대화하여 최대한의 만족을 얻으려고 하는 욕구로 나타난다. 그러나 욕구를 실현하려면 욕구 대상물을 '생산'해야 하고, 생산을 위해 '노동 행위'가 요구된다. 그렇기에 개인들은 자신이 지닌 욕구를 충족시키기 위해 끊임없이 노동하게 되고, 결국 노동 행위는 경제 활동의 주축이 된다.

그러나 인간이 지닌 욕구는 한두 가지가 아니다. 가령 자연적 욕구만 해도 식욕, 수면욕, 성욕으로 나누어 볼 수 있으며, 식욕 하나만 보더라도 욕구 대상이 무궁무진하다. 먹을 수 있는 것은 어느 것이나 식욕의 대상이 될 수 있기 때문이다. 밥, 빵, 죽, 고기, 야채, 과일, 과일 중에서도 사과, 배, 포도, 딸기 등 이루 나열할 수 없을 정도로 식욕의 대상은 다양하다. 그러면 밥을 만드는 노동, 고기를 생산하는 노동 등의 많은 노동 행위가 필요하게 될 것이다.

식욕 하나만을 충족시키려 해도 많은 종류의 상이한 노동 행위가 필요하다. 게다가 근·현대 사회는 자본주의 경제 구조를 유지하기 위해 인간의 욕구를 자극하는 새로운 상품들을 지속적으로 개발하고 있고, 반드시 필요한 물건이 아님에도 불구하고 마치 없어서는 안 될 물건인 것처럼 소비자를 유혹하여 소비 심리를 확대시켜 왔다. 인간의 욕구는 새롭고도 다양하게 창출되어 왔고, '새로운 욕구'는 '새로운 상품 개발'을 자극하고 '새로운 상품'은 또 다른 '새로운 욕구'를 낳으면서 '상품과 욕구의 상호 자극'이 가속화되어 왔다. 새로운 욕구의 창출은 개개인의 욕구를 충족시키고자 하는 지난한 노력에도 불구하고 완벽하게 채워지지 않는 '욕구의 여번 지대'를 지닌다. 현대 사회에서는 욕구와 욕구 충족 간에, 욕구 창출과 욕구 실현 간에 악순환적 행보를 계속하고 있는 것이다.

악순환적 욕구 창출과 악순환적 소비 활동 속에서 다소라도 욕구를 절제하면서 제한된 욕구를 충족시키려 해도 이에 요구되는 노동 행위는 생각보다 많다. 그러나 그에 비해 자신이 관여할 수 있는 노동 행위에는 한계가 있다. 그러므로 '나의 욕구'를 모두 충족시키려면 결국 '타인의 노동'이 필요하게 된다. 나의 욕구 실현에 타인의 노동이 요구되는 것이다. 나의 독자성과 주체성을 아무리 강조한다 해도 나는 타인에게 의존해야 하며 타인과 관계할 수밖에 없는 것이다.

그런데 내가 욕구하는 물건을 타인이 생산해 내려면, 타인 또한 그 물건에 대한 욕구가 일어나야 한다. 내가 원하는 것을 마련하기 위해 타인의 노동 행위를 이끌어내려면, 먼저 '타인의 욕구'가 필요하다. 즉 '나의 욕구'를 실현시키기 위해 '타인의 노동 행위'를 낳는 '타인의 욕구'가 필요하다. 타인의 욕구가 타인의 노동을 야기하고, 타인의 노동 결과물이 나의 욕구를 충족시킨다는 면에서, 나는 타인의 욕구에 의존하고 있고 타인의 욕구를 인정해야 한다.

각 개인들의 욕구는 각각 특수하고 개별적이며, 누구나 자신의 사적 욕구에 몰입한다. 그러나 시민사회에서 이루어지는 저기은 나의 욕구를 충족시키기 위해 결국에는 타인을 필요로 하며, 나 또한 타인의 욕구 실현에 도움이 된다. 그런 면에서 개인들은 서로에게, 서로의 노동에 의존하고 있다. 결국 시민 사회의 개인들은 모든 욕구와 관련된 노동 형태를 통해 '상호 의존 체계'를 형성하고 있는 것이다. 결국 인간들은 아무리 개인을 강조하고, 아무리 이기적이어도 '상호 공생 구조'를 형성할 수밖에 없다.

'노동 행위를 통한 상호 공생 구조'는 달리 말하면 '욕구 충족을 위한 상호 공생 구조'이며, 더 나아가 욕구의 발현과 욕구의 승인을 가능케 하는 관계 구조이다. '나의 욕구'를 실현하기 위해 나는 필히 '타인의 욕구'에 의존하고, 타인의 욕구를 요청하고, 타인의 욕구를 승인해야 한다. 타인의 욕구를 승인할 때 나는 타인을 적극적으로 인정하고 타인과 적극적으로 '관계'하는 것이다.

이것은 기본적으로 각 개인이 지닌 '특수성'과 '개별성'을 인정받고 싶어 하는 욕구에서 발전된 것이다. 인간은 자신의 고유하고 특수한 의지, 자신의 생각, 계획, 가치관 모두에서 타인의 인정을 받고 싶어 한다. 타인에게서 자신의 욕구를 인정받으려는 것은 자신의 존재 가치 및 존엄성을 인정받고자 하는 욕구로 귀착된다.

인정 욕구는 자신의 '권리'에 대한 자각과 더불어 '존엄성'과 '인격성'을 실현하기 위해 본질적으로 중요한 '자유'에 대한 자각을 동반한다. 자유를 동반하지 않으면 인정이 제대로 이루어지지 않을 수가 있기 때문이다. 자유가 제한되고 억압될 때, 한 개인의 존엄성과 인격성은 무시되며, 존엄성에 대한 무시는 한 개인의 인정 욕구에 대한 무시이다.

나의 욕구를 충족시키기 위해 타인의 노동과 타인의 욕구가 필요하고, 그래서 타인의 욕구를 인정해야 한다. 그렇듯이 나의 자유를 실현하기 위해서도 타인의 자유에 대한 인정이 필요하다. 그러나 사람들은 이것을 알면서도 쉽게 인정하려 하지 않는다.

# 인정의 지향점: 왜곡된 인정의 반환점

　음식물을 둘러싼 자연적 충동의 대립, 자신의 생각과 가치
관이 중요하다는 주장, 자신의 관습과 습속이 절대적이라는
강조, 자신의 명예를 확인받으려는 노력 등은 자신의 특수한
욕구를 타인에게 관철시키려고 하는 가운데서 나타난다.

　나는 '나의 특수한 욕구와 특수한 의지'를 고집하기 때문에,
나의 욕구를 타인에게 관철시키려 하고 반대로 타인도 그러하
다. 모두들 자신의 특수성과 개별성에 집착한다. 타인에게 인
정받지 못할 때 사람들은 괴로워하지만, 괴로워하는 데서 그
치지 않고 자신의 욕구를 실현하기 위한 싸움을 벌이기도 한
다. 즉 이런 양상은 '특수성과 특수성의 대립'으로 나타난다.

　그러나 욕구를 실현하기 위해 노동을 할 때처럼, 대립을 해

소할 때도 나와 타인은 서로 의존적이다. 개인은 모든 면에서 의존하는 '전방위적 의존 체계'[5]를 형성하고 있는 것이다. 내가 욕구하는 것을 타인도 욕구하고, 타인이 욕구하는 것을 나도 욕구하기 때문에, 특수하고 개별적인 욕구의 대립에도 불구하고 양자의 욕구 간에 '공통의 지평'이 발견된다. 나의 특수한 욕구는 타인과 공속성을 지니는 '공통의 욕구'이고, 타인의 특수한 욕구는 나와 공속성을 지니는 '공통의 욕구'이다.

나와 타인은 서로 차이가 있기 때문에 특수성과 특수성의 대립을 야기함에도 불구하고, 의식적으로든 무의식적으로든 공통의 욕구를 지니며 그 욕구를 실현하기 위한 '공통의 활동 공간'을 점유하고 있다. 나 혹은 타인이라는 개인 이전에 양자가 속해 있는 '공통의 지반'이 형성되어 있다. 양자는 공동체적인 구조 속에서 살고 있고, 그 속에서 인간에게 공통적인 어떤 측면, 더 나아가 공통성을 가능케 하면서 공통성 이상의 것인 '보편성'을 보유하고 있다.

나의 특수한 욕구와 타인의 특수한 욕구의 대립, 특수성과 특수성의 대립은 한 쪽의 특수성을 관철시키는 데로 귀착하는 것이 아니라, 상호 의존 체계를 통한 보편성의 실현을 근저로 삼고 있다. 다시 말해 특수성과 특수성의 대립은 대립을 해소하고 양자에게 관철되는 '보편성을 도출'해 내는 양상으로 전개되는 것이다. '특수성과 특수성의 대립'은 결국 '특수성과 보편성의 대립'으로 전환되며 '특수성을 통한 보편성의 정립'으로 이행한다.

보편성은 인간성을 도야하는 가운데서 정립된다. 그런데 여기에서 보편으로서의 인간성의 계발은 단순히 한 개인의 인간성 함양이나 계몽에 국한되지 않으며, 시민사회의 개인 중심적 질서와 개인 중심적 실현 이상의 의미를 지니게 된다. 또한 이는 한 개인의 성장에 그치지 않고, 개인이 속한 공동체 전체의 문화와 도덕의 발전을 야기한다. 반대로 공동체 전체의 보편적인 고양 속에서 한 개인의 인간성도 의미를 갖게 된다. 이와 관련하여 칸트는 인간성의 실현을 세계사적 역사 발전을 추동시키는 힘으로 간주한다. 더 나아가 한 개인의 도야와 인간성의 실현은 특정한 국가 공동체뿐만 아니라, 인류 역사를 총괄하는 세계 역사 전체의 발전으로까지 확장시킬 수 있다는 것이다.

세계사적 역사 발전의 구성 인자인 개인은 시민사회의 개인이며, 이기적으로 움직이는 사적 존재이다. 칸트는 각 개인이 지닌 이기적이고 특수한 욕구가 그 욕구와 충돌하는 다른 개인 내지 공동체의 눈으로 보면 공동체에 위배되고 사회에 혼란을 가져오는 것으로 — 그래서 마치 악으로 — 보이지만, 그럼에도 불구하고 그 악이 역사 발전의 원동력이 된다고 주장한다. 왜냐하면 각 개인은 — 앞에서 언급했듯이 — 자신의 이기적 욕구를 실현하려는 가운데 다른 사람과 충돌하고 항쟁을 일으키기는 하지만, 자신의 욕구를 실현하려면 항쟁에서 이겨야 하고, 그렇게 하기 위해서는 자신의 능력을 계발하면서 나태해지려는 성향을 극복해야 하기 때문이다. 이처럼 인간은 이기적인 욕구를 관철시키려는 가운데 자신의 능력을 계발하고 인간성을 도야한다.

칸트에게 인간의 이기심은 반사회적이고 반공동체적이지만, 결과적으로 자신의 인간성을 계발하고 사회를 발전시키는 원동력, 사회성과 공동체성을 낳는 원동력이 된다. 인간의 이기적 욕구는 인간성을 계발하고, 인간을 도덕화하고, 문화화하여 사회 발전을 낳게 되는 것이다.

'이기심'이 개인 간의 대립으로 나타나는 데에 그치지 않고, 국가 간의 대립으로 확대될 때 '전쟁'이 야기된다. 전쟁의 근거 또한 인간의 이기적 욕구를 다른 국가에 관철시키려는 데에 있다. 각 국가는 전쟁에서 이기기 위해 자국의 힘을 기르고 문화를 발전시켜 결국 '역사 발전'을 가져온다.[6]

개인들의 이기적이고 특수한 욕구의 대립은 인간성 계발을 낳고, 이것은 한 개인 내지 한 사회의 발전에 그치지 않고, 세계사적 역사 발전을 이끄는 추동력이 된다. 추동력의 기저에는 개인들의 특수한 욕구가 존재하므로 개인들의 특수성의 대립 속에서 보편성을 도출하려는 노력은 인류 전체의 발전을 가져올 가능성을 배면에 지닌다.

그러나 특수성과 특수성이 대립 속에서 보편성으로 이행하고 보편성을 실현한다는 이런 구조에도 불구하고, 현실에서는 보편성에 대한 진단이 부당하게 일어나는 경우가 많다. 참다운 보편성은 무엇인가? 그로 인해 형성되는 세계사적 역사 발전의 정점은 무엇인가? 하지만 실제로는 이들 문제에 대해 진지하게 논의하기보다는 '힘'과 '권력'을 지닌 쪽이 보편성을 대변하고 역사 발전을 주도하는 경우가 많다.

그리고 이때에는 특수성이 '보편성'을 배태하고 있느냐의 문제보다는 누가 '더 많은 권력'을 지니느냐, 누가 공통의 삶의 지평을 '장악'하느냐가 더 중요한 근거가 된다. 그런 면에서 권력을 지닌 쪽의 특수성은 한쪽의 특수한 욕구를 반영하는 데 그치는 것이 아니라, 보편성을 담지하는 것으로, 더 우위에 있는 것으로 간주되는 것이다. 더 직설적으로 말하면 인간의 존엄성과 자유를 토대로 하는 자발성에 의해 보편성이 확정되고 인정되기보다는 권력을 지닌 쪽이 보편성을 지닌 것으로 간주된다. 이때 권력이 정치적 권력이든, 경제적 권력이든, 문화적 권력이든, 학문적 권력이든, 그 어느 경우에서라도 '강요된 보편성'과 그로 인해 '왜곡된 인정 모델'을 찾아낼 수 있다.

정치적 이해관계가 대립하는 여야가 의사 결정을 할 때, 직장에서 새로운 사업을 공모할 때, 학계에서 동일한 주제에 대해 관점이 대립할 때, 노사가 임금 문제로 갈등을 벌일 때, 이 모두에는 양자의 특수성이 첨예하게 부각된다. 그러나 아직도 민주화로 향하는 도정 속에 있는 한국 사회에서는 권력을 쥔 쪽의 의견에 맞추어 결정이 내려지기 십상이다. 정치적 권력이 막강한 쪽이, 요직에 앉아 있는 사람의 의견이, 학문적 카리스마를 발휘하는 사람의 관점이, 노동자보다는 사주의 이익이 더 중요하고, 게다가 보편성을 반영한 정당한 입장으로 둔

갑해 버린다. 결정된 내용이 여러 의사 결정 과정을 거친 후에 형성된 합리적 판단에 의존하는 것이라면, 인간의 본래적 본성에 부합하는 것이라면, 설령 권력을 지닌 쪽의 입장이 보편적 입장으로 간주된다 해도 문제삼거나 비난할 이유는 없다. 그러나 보편성을 지니고 있지 않은 데도 불구하고 힘의 우위를 활용하여 보편적이라고 강요하고 마치 보편적인 것처럼 여겨질 경우에는 문제가 심각해진다.

힘의 우위에 따른 특수성과 보편성의 대립은 현대 사회를 상징하는 개인들 간의 충돌과 이기주의, 넓게는 문명의 충돌과 문명의 공존, 문화 상대주의와 문화 절대주의, 정교와 이단이라는 피비린내 나는 종교 갈등에서도 빈번하게 재현되고 있다. 이것은 하나의 절대적인 원리를 도출해 내려는 광범위한 '노력'으로 나타나며, 때로는 광범위한 '폭력'으로 귀착되기도 한다.

권력 구조를 통해 보편성에 대한 강요와 인정이 일사불란하게 이루어진다고 해도, 권리와 자유의 실현을 기대하면서 인간의 존엄성에 초점을 맞추는 사람들은 이 상황을 타개하기 위해 노력하고, 권력 구조와 제도권에 도전하기도 한다. 설령 거창한 도전이 아니어도, 이러한 도전의 축소판이 일상생활에서 끊임없이 나타나며 욕구들 간의 끊임없는 충돌로 드러난다. 욕구 충돌이 심화되면 심각한 인정 투쟁의 장이 펼쳐지면서 전쟁이 야기되기도 하는 것이다.

자유와 자기의식을 자각했다면 인정 투쟁의 전장에서 자신의 자유를 지키기 위해 죽음을 무릅쓰고서라도 싸워야 한다고 생각한다. 그러나 목숨을 건 싸움을 하다 죽을지도 모르므로, 자유를 포기하더라도 생명 보존이라는 자연적 욕구를 따라야 한다고 생각하는 사람도 있다. 아니면 사회 정의와 대의명분을 저버리고 자유를 다소 상실한다 해도 나의 이해관계를 충족시키면 그만이라고 생각하는 사람도 있다. 자유를 위해 생명을 초개처럼 버리느냐 그렇지 않느냐에 따라 삶과 죽음을 둘러싼 싸움의 결과는 달라질 수밖에 없다. 이때 죽음을 무릅쓰고 싸움을 하는 자가 이기리라는 것은 당연하며, 생명 보존에 집착하는 자는 상대방의 요구를 수동적으로 받아들이는 굴종 상태에 빠져들게 된다.

굴종 상태에서 종속의 고통을 당하는 자는 국가 간의 전쟁에서는 '전쟁 포로'이며, 고대 사회에서는 '노예'이다. 현대 사회에서는 노예가 없기 때문에, 주인 대 노예로 분리할 수는 없지만, 인정 투쟁에서 진 사람이 이긴 사람에게 어떤 형태로든 예속되거나 지배당한다는 것에는 변함이 없다. 현대 사회에서 주인-노예 관계는 사라졌지만, 자유로운 위치이냐 아니냐에 따라 지배-피지배 구조는 계속해서 창출되고 있다.

고대 철학자 아리스토텔레스는, 인간은 본성적으로 지배적 요소와 피지배적 요소를 모두 지니고 있으며, 어떤 사람에게서는 본성적으로 '지배적 요소'가 발달해 있고, 어떤 사람에게서는 '피지배적 요소'가 발달해 있다고 주장했다.[7] 이때 지배적 요소가 발달한 사람은 주인이 되고, 피지배적 요소가 발달한 사람은 노예가 된다. 그리고 지배적 요소가 발달한 주인(자유로운 시민)들 가운데서도 정신 능력에 지배적 요소와 피지배적 요소가 미세하게 구분된다고 보았는데, 그렇기 때문에 자유로운 시민 중에서도 '지배적 요소'가 발달한 사람은 '통치자'가 되고, 자유로운 시민이지만 '피지배적 요소'가 발달한 사람은 '피치자'가 된다.

이처럼 아리스토텔레스는 인간을 주인과 노예로 나누고, 남성과 여성으로 나누면서, 후자는 피지배적 요소가 강하기 때문에 노예로 전락하거나 타인 내지 남성의 지배를 받는 것이 정당하다는 논리를 펼치고 있어 다소 문제가 있기는 하다. 그리고 노예제를 정당화하기 위해 인간 본성을 차등적으로 나눌 뿐만 아니라 지배적-피지배적 요소를 '본성'이라는 차원에서 설명하고 있기에 그의 주장을 전적으로 그리고 정당한 것으로 받아들이기에는 어려움이 따른다.

그러나 자유로운 시민, 자유로운 남성들에게서도 지배적 요소와 피지배적 요소가 모두 존재하고, 그 중에서 정신의 지배적 요소가 피지배적 요소보다 강한 사람은 지배자 내지 통치자가 되고, 지배적 요소가 피지배적 요소에 의해 제압당하는 사람은 예속자 내지 피치자가 된다는 것을 우리 사회에 유비적으로 적용해 볼 수 있다. 그의 설명이 옳든 그르든 간에 현대 사회에서도 알게 모르게 지배-피지배 구조가 잔존한다는 점을 부인할 수는 없기 때문이다.

본성적으로는 아니라고 해도 지배적 요소가 과도하게 나타나는 사람이 있는가 하면, 노예근성을 지니고 있다고 할 만큼 복종적이고 피지배적 태도로 살아가는 사람도 있다. 그러므로 현대 사회의 인정 구조는 '정신적 주인' 대 '정신적 노예'의 압축판이라고 할 수 있겠다. 게다가 전쟁 이후 '승전국'과 '패전국' 간의 상황에서 승전국의 요구에 패전국이 일방적으로 따라야 하는 굴욕적 상태는 지금의 현실에서도 그 예를 얼마든지 찾아볼 수 있다.

노예의 위치에 있는 당사자들은 생명을 연명하는 대가로 주인으로부터 자신의 '권리' 및 '인격의 존엄성'을 박탈당하며, 자신의 의지대로 무엇인가를 할 수 있는 '자유'를 빼앗긴다. 자유의 상실은, 자신이 '독립적 존재'이며 '주체성을 지닌 존재'임을 망각하는 것이고, 궁극적으로는 '반성적 의식'을 지닌 '자기의식적 존재'임을 망각하는 것이다.

그러므로 권력을 쥔 쪽의 특수성이 부당하게 보편성으로 강요되고 자유로운 시민의 특수성이 억압당하는 현실은 다양한 인정 투쟁을 야기한다. 왜곡된 인정 때문에 펼쳐지는 인정 투쟁의 단초는 이미 피히테에게서도 나타나지만, 인정 투쟁에 관한 논의를 인간의 '자유'에 대한 실현 속에서 분명하게 구조화한 모습은 헤겔에게서 찾아볼 수 있다. 헤겔은 주인 대 노예의 관계에서 인정 투쟁 및 인정의 변증법을 전개해 나가는데, 자연적 욕구에서는 불가능했던 '자아에 대한 자각', '자기의식'이 주인-노예 변증법에서 주제화된다.

# 인정을 위한 싸움의 전제: 자유와 자기의식

　헤겔이 보기에 인간은 기본적으로 자유로운 존재이며 '인격 (Person)'을 지닌 존재이다. 그러나 인격이 보편적으로 인정되고 인격과 관련하여 '자유'가 누구에게나 평등하게 피어나기 시작한 것은 근대에 이르러서이다.

　기독교 정신은 인격적 인간의 자유와 주체성에 대한 근간을 마련해 주고 있다. 예수가 산상수훈을 통해 설파한 원시 기독교에서 인간은 누구나 신 앞에서 평등하고 신성한 영국의 시민이 될 수 있는 가능성을 지닌 존재이다. 그러나 예수 이후에 보편적 평등과 자유가 구체적으로 실현되기까지 1,500년 이상의 오랜 시간이 걸렸기에, 실제로 원시 기독교의 정신이 보편 정신으로 정립된 것은 근대의 자연법적 기본권 내지 천

부인권을 통해서이다. 인간은 태어날 때부터 자유롭고 평등한 존재이며 자유권과 평등권을 자연적으로 지닌 존엄한 존재라는 점이 개개인에게 주체적으로 실현된다고 하는 정신은 근대의 종교 개혁을 거치면서 보편화된다.

인간의 자유 내지 평등에 대한 관심과 그것의 정당성에 대한 자각도 근대에 이르러서야 본격적으로 진행되었다는 점에서 볼 때, 헤겔에게 "인간은 본성상 그리고 직접적으로 자유롭다"는 것보다는 "자유의 이념 자체도 점차적으로 주제화되고 점차적으로 실현된다"는 것이 더 중요하다. 자유는 그저 주어지는 것이 아니라 "자유의 근거 또한 스스로 근거짓는 과정이 필요"하다.[8] 자신의 자유와 권리에 대한 자각과 주체성에 대한 강조가 근대에 이르러서 보편적으로 인정되는 것은, 기독교의 원리가 근대적 자유 및 근대적 주체성에서 빛을 발하는 것과 관련이 있다. 헤겔이 기독교를 눈여겨보는 것은, 그가 종교인이거나 아니면 기독교를 옹호하려는 목적을 지녔기 때문이 아니다. 오히려 헤겔은 근대적 주체성과 그것에 대한 자각이 무엇보다도 중요한데 기독교가 그런 정신을 발견하는 근간이 된다고 보았기 때문이다.

이처럼 자유의 실현과 자유에 대한 인정은 누구에게나 열려있는 것처럼 보여도, 소소한 일상에서 알게 모르게 많은 부분 닫혀있고 무시되곤 한다. 인정에 대한 거부는 타인의 자유에 대한 거부이며, 이것은 곧 타인의 주체성에 대한 거부이다. 다시 말해 자유와 주체성을 거부당한 자는 인격을 거부당한 자이기도 하다. 그래서 인격을 회복하려고 싸움을 벌이는 자는 타인에게서 자유와 주체성을 인정받고자 '인정 투쟁'을 벌이는 자이다. 이처럼 인정 투쟁은 자유 실현의 초석이 된다.

헤겔은 인정 욕구와 인정 투쟁이라는 독자적 개념을 『정신현상학』(1807)의 '자기의식'[9] 장에서 전개해 나가는데, 여기에서 그는 인정을 받지 못해서 고통을 겪는 인간들은 누구나 기본적으로 동등한 인격체라는 점을 전제하고 있다. '인격적 존재'는 '자신의 내적 목적을 지니는 존재'이며 그 목적을 자유로운 의지를 발휘하여 실현하려고 하는 존재이다. 자유로운 의지를 발현하는 것은 곧 자유를 실현하는 행위이며, 자유를 완전하게 실현하는 인간은 '자기의식적 존재'이다. 서로 자기의식적 존재임을 자각하고 그것을 통해 자유를 실현하려고 할 때, 개인은 자신뿐만 아니라 상대방도 인정하는 상호 인정의 상태에 도달하게 된다. 그러므로 인정 욕구를 실현하기 위해 투쟁하는 사람은 '자유'와 '자기의식'을 절대적인 원리로 상정하고 그것을 정립하고자 하는 '이성적 존재'이다.

이성을 지닌 인간은 주어져 있는 것들을 인식하고 그에 대한 지식을 축적시켜 나간다. 그러한 축적이 식욕과 같은 자연적 욕구에 기인하든 아니면 좀더 고차원적인 욕구에 기인하든 간에, 인간은 자기 앞에 펼쳐져 있는 대상을 통해 지식을 확장한다. 대상에 대한 의식 내지 지식은─이미 앞에서 논의했듯이─'대상의식'이다.

대상의식을 지니려면, 무엇보다 먼저 자신 앞에 주어져 있는 대상이 있어야 한다. 그 대상을 파악할 때 대상의식이 형성되기 때문이다. 그러나 인간은 대상에 대한 의식을 수동적으로 수용하는 데에 그치지 않는다. 인간은 대상의식을 형성할 때, 자신이 파악한 대상의식이 참된 지식인지, 지식의 진리성은 어떻게 확보되는지를 문제 삼는다. 대상의식에 대해 반성하고 재고찰하는 사고 작용이 일어나는 것이다. 대상의식의 진리성을 확증하기 위해 인간은 자신이 지닌 의식 자체를 객관화시켜 반성하게 된다. 그 결과 진리성이 대상 자체에서 나온 것인 줄 알았는데, 사실은 참된 것으로 인식되는 대상이 끊임없이 변하고 있다는 점을 깨닫게 된다. 그러므로 대상의식이 진리라는 근거는 대상이 아니라 오히려 변화되는 대상을 보편적으로 포착하는 '나'에게서 확립된다. 이로 인해 의식은 대상보다는 대상의식을 형성하는 나의 활동성으로 시선을 돌리게 된다. 즉 '자아'에 주목하게 된다. 이것은 '자아에 대한 자각'이며, '자기의식'으로의 전환이다. 나는 대상의 진리성을 확보해 주는 '나'를 대상화하여 바라보며, 자아에 대해 자각하게 되는 것이다.

자아에 대한 자각은 대상의식이 참된 지식인지 아닌지를 나에게서 찾고 나를 반성하는 활동성이다. 이 활동성은 대상에 관한 의식이 참된 의식이라는 근거를 자신에게서 정립하기 때문에, 대상의식은 내가 파악한 '자기의식적 활동성'이다. 대상의식의 진리성은 '대상의식을 반성하는 자아'인 '나에 대한 의식(자기의식)'에 있다. 따라서 대상의식에 대한 반성은 궁극적으로 '자기 자신에 대한 반성'이며, 자기를 자각하는 '자기의식'이다. 그러므로 자기의식은 자신의 자아에 주어져 있는, 또는 자신의 자아가 지니고 있는 내용에 대한 의식이며, 자아의 내용을 다시 자아로 통일시켜 파악하는 의식이다. 자기의식은 자아가 자신을 반성의 대상으로 놓는 것이라서 여기에는 '반성하는 자아'와 '반성되는 자아'라는 두 자아가 생기며, 이 두 자아를 하나의 자아로 통일시켜 파악하는 의식이 자기의식이다. 이것은 두 인간이 서로에게 인정을 받기 위해 타인과 대립하고 타인과 통일되는 과정을 겪어나갈 때, 두 개의 자아가 지향하는 자기의식과 동일하다.

자신이 자유롭지 못하다고 느끼는 사람들이 싸움을 통해 자유를 획득하고 타인에게서 인정받으려고 할 때 작용하는 '자유에 대한 자각'은 '자기의식에 대한 자각'과 같은 지평에 놓여있다. 인간이 참다운 정신성에 도달하는 것은 '자유'와 자유를 자각하는 '자기의식'을 정립함으로써 가능하다. 그러나 자신(자신의 자기의식)의 자유가 박탈당하거나 타인(다른 자기의식)의 자유를 박탈하는 일은 언제든지 일어날 수 있고, 그로 인한 고통도 끊임없이 생겨난다.

자유 박탈이 일어나는 이유는, 자기의식적 존재가 자신의 자기의식을 망각하고 다른 측면에 몰입하기 때문이다. 인간은 기본적으로 '욕구를 지닌 존재'이기에 '자신의 욕구에만 집착'하기도 한다.

인간이 '자유로운 인격체라는 것'과 '욕구를 지닌 동물'이라는 것은 동전의 양면처럼 서로에게 영향력을 행사한다. 물론 욕구가 지닌 자연성을 지양하고 그 속에서 이성적인 것을 견인해 냄으로써 자유로운 인격성을 현실화시키는 것이 관건이다. 그러므로 자유로운 행위가 어떤 결과를 낳는지를 파악하려면 욕구에 대한 이해도 필요하다.

여기에서 초점이 되는 욕구는 인정 욕구이며 — 의식이 결여된 동물의 욕구나 의식을 지니기는 하지만 자기의식이 결여된 존재의 욕구와는 달리 — '자기의식을 자각한 인간의 욕구'이다. 자기의식을 지닌 인간은 '자유로운 존재'로서 자신을 대상의식 전체를 가능케 하는 '절대적 존재'로 간주한다. 자신을 절대적인 존재로 간주하는 자기의식은 자신의 자립성을 주장하기 위해 대립항을 부정하고자 하는 태도를 쉽사리 드러낸다. 이때 대립항은 '음식물처럼 현실적인 대상물'이기도 하고 '타인'이 되기도 한다. 결국 인정 투쟁은 '타인과의 관계' 속에서, '타인에 대한 부정'을 통해서 발생한다. 인정 투쟁이 욕구를 충족시키기 위해 대립항을 부정하는 구조라고 한다면, 인정 투쟁은 욕구와 떨어질 수 없게 된다.

사회에서 무엇보다도 중요한 욕구는 '인정 욕구'이며, 인정 욕구에는 자유와 자기의식의 실현이 개입되어 있다. 정도의 차이는 있을지라도 현대 사회에서도 인정을 위한 싸움이 여전히 펼쳐지고 있다. 주인-노예가 형성되는 것은 아니라고 해도 목숨을 건 인정 투쟁은 계속해서 그 양상을 드러내기 때문에 헤겔의 주인-노예 변증법은 오늘날에도 여전히 유효할 뿐 아니라 일말의 시사점을 주고 있다.

헤겔에 따르면 자유와 자기의식을 지니는 주인은 애초부터 주인이었던 것은 아니고 그저 자유로운 인간이었다. 자유로운 인간은 각자 자신의 욕구를 실현하면서 살아간다. 그러나 욕구가 충돌하게 되면서 사람들은 자신의 욕구를 실현하기 위해 목숨을 건 싸움을 하게 된다. 싸움에서 지면 자유가 상실된다는 점을 알고 있기 때문에 사람들은 목숨을 걸고서라도 자유를 지켜야 한다고 생각한다. 이에 반해 싸움에서 죽을 수도 있다는 두려움이 엄습할 때 자유보다는 목숨을 연명하는 것에 더 치중하는 사람도 있다. 여기에서 누가 이길 것인지는 자명하다. 죽기 살기로 싸우는 자가 이기고 자유를 보존하게 된다. 싸움에서 이긴 자는 주인이 되고, 진 자는 노예가 된다. 주인은 노예에게 자신의 자유를 행사하고 무엇이든지 자신의 의지대로 행하려고 한다. 그에 반해 노예는 목숨을 연명하기 위해 자유를 포기했기 때문에, 주인에 대한 종속을 받아들이고 이와 더불어 주인의 향유를 위한 생산과 봉사를 담당하게 된다. 즉 주인을 위한 노동을 담당하는 것이다. 심지어 주인에 대한 두려움과 존경심을 갖게 되는 노예도 있다. 주인은 노예에 의해 산출된 생산물을 소비하고 향유하면서 자존스러운 삶을 살아가는 구조 속에 있기에, 노예처럼 노동을 할 필요가 없다. 주인은 그저 노예의 봉사와 두려움, 경외심을 수용하면서 풍요로움을 탐닉하면 그만이다. 주인은 노예 노동에 기초하여 무엇이든지 자유롭게 할 수 있다.

그러나 어느 순간 균열이 생기기 시작한다. 주인은 자신이 자유로운 존재라고 알고 있고 이와 관련하여 반성적 의식을 작동시키지만, 사실은 자신의 자유를, 자신의 주체성을, 자신의 존엄성을 '제대로 인정받지 못하는' 일방적인 관계 속에 있음을 깨닫기 시작한다. 비록 노예가 주인을 섬기고 있고 주인의 자연적 욕구를 충족시킬 수 있도록 생산 노동을 전담하기는 하지만, 주인은 노예에게서 '제대로 된 인정'을 받을 수 없다고 생각하기 시작하는 것이다.

무엇이든지 자신의 욕구대로 할 수 있는 지배자의 위치에 있으면서도, 원하기만 하면 자신 앞에서 머리를 조아리며 그리고 자신의 자유와 인격성, 주체성, 고귀성을 인정해 주는 노예를 지니고 있으면서도, 주인은 도대체 무엇 때문에 인정받지 못하고 있다고 생각하는가.

여기에서 주인이 갖는 불만은 '제대로 된 인정'을 받고 있지 못하다는 것이다. 노예에게서 아무리 많은 봉사와 찬사를 받아도, 주인은 자신과 같은 위치에 있는 사람에게서 인정을 받아야만 '제대로 된 인정'을 받는 것이라고 생각한다. 즉 자기보다 열등하고 자유에 대한 자각도 없는 사람에게서 인정을 받는 것은 제대로 된 인정이 아니라고 느끼고, 자신과 같은 정신성과 능력을 지닌 자에게서 인정을 받고자 한다.

가령 경제학을 전공한 사람이라면, 자신의 경제적 지식과 능력을 인정해 주는 자가 자신과 마찬가지로 경제전문가이거나 경제학자일 때 제대로 된 평가를 받은 것으로 생각한다. 수

많은 비전공자에게서 추앙을 받아도, 경제전문가나 경제학자가 자신을 인정해 주지 않는다면, 그의 내면은 공허감에 휩싸이게 될 것이다.

참다운 자기의식은 경제학자와 마찬가지로 자신과 동등한 자의 인정을 요구한다. 그럴 때에야 인간은 타인을 통해서 자신에 대한 앎을 진정으로 확장하고 새로운 규정을 습득할 수 있게 된다. 타인의 인정을 받고 타인과 관계하는 과정에서 자기 계발과 자기 발전이 가능하며 또 그럴 때만이 인간은 타인 속에서 자신의 가치와 보편성을 제대로 직관할 수 있다.

그러나 자유와 자기의식이 결여된 노예를 통해서는 자유도, 자기의식도, 자신의 고유한 규정에 대한 각인이나 반성도 불가능하므로 자기 직관과 자기 발전이 이루어지지 못한다. 자신이 지닌 독특성과 개별성이 개인적인 특수성이 아니라, 타인에게서도 보편성을 지닌다는 점을 인정받고 싶어도 노예에게서 제대로 된 인정을 받을 수 없다면, 주인은 결국 노예를 해방시켜야 하지 않겠는가. 이런 딜레마 속에서 주인의 의식은 흔들리고, 무사안일한 향유 속에서 자유에 대한 자각도 점차 희미해져 간다.

이에 반해 노예는 생명 보존에 대한 집착 때문에 자유를 포기했고 자유와 자기의식에 대한 자각도 상실할 수밖에 없는 억압적 구조 속에 있다. 그래서 노예는 그저 자연적인 충동에 집착하면서 살아가고, 주인을 위한 봉사와 노동과 생산을 자신의 최대 과제로 여긴다. 그러던 어느 날, 노예는 자신이 만든 생산물인 데도 불구하고 왜 자신은 이 생산물들을 마음대로 소비할 수 없는가에 대해 의구심이 일게 된다. 자신이 만든 생산물조차도 자기에게서 독립해서 '자립성'을 지니는데, 자신은 어떠한가. 자신의 생산물조차도 자립성이 있다면, 그것을 만드는 자신 또한 독자적이고 자립적인 존재이어야 하지 않는가. 이제 노예는 노동을 통해 형성된 생산물을 경험하면서 자신이 자립적인 존재이며—생명 보존 때문에 포기하고 망각했던—자유로운 자기의식적 존재라는 사실을 막연히 떠올리게 된다.

그러나 노예가 자유와 자기의식을 자각한다 해도 주인이 그것을 순순히 인정해 주지 않으리라는 것은 당연하다. 왜냐하면 노예의 자각을 받아들이면, 주인은 그 반대급부로 노예의 봉사와 노동을 자신이 떠맡아야 하는데, 고통스런 노동을 떠맡는 일은 누구에게나 쉽지 않기 때문이다. 주인의 저항 때문에 노예는 다시 자립성을 포기하고 노예의 처지를 감내하는 상황에 붙잡혀 있게 된다.

그러나 자신의 내면에서 눈뜨기 시작한 '자유와 자기의식에 대한 자각'과 그로 인한 '인격적 욕구'를 노예의 의식에서 완전히 말소시킬 수는 없다. 노예는 이미 눈뜨기 시작한 자유와 자기의식을 실현하고 싶어 주인의 저항을 내면적으로라도 지양하려고 하며, 그로 인해 자신 안에서 갈등과 모순을 겪게 된다. 갈등과 모순은 노예의 의식을 고양시키고 노예의 내면에서 주인 의식과 노예 의식의 대립을 재현한다. 헤겔은 이러한 의식의 고양을 자기의식의 여러 단계를 통해 보여준다. 자기의식이 실현되는 단계는 주인의 권리 의식과 노예의 권리 의식이 구체적으로 실현되는 과정이다.

# 인정 투쟁: 자기의식의 고양 계기들을 거쳐

노예가 조금씩 자각하게 되는 자유와 자기의식을 실현하기 위해서는 내적 의식의 고양이 있어야 한다. 그러므로 이 의식이 어떤 계기를 거치면서 어떻게 대립을 재현하고 새로운 단계로 나아가는지에 대한 파악이 필요하다. 헤겔은 그 계기를 금욕주의, 회의주의, 불행한 의식이라는 개념을 통해 설명한다.[10] 이 개념들을 통해 정립되는 자기의식은 단지 노예에게만 국한되지 않고 주인을 포함하는 인류 전체에 적용된다.

애초에는 자유로운 존재였지만 예속 상태로 떨어진 노예를 보자. 노예는 자유로운 존재성을 망각한 채로 주인에 대한 봉사가 마치 자신의 본분인 것처럼 착각하면서 살아간다. 노예의 자각은 노예에게는 중요하지만, 주인의 입장에서는 피곤한 일이다. 노예가 자유로운 존재임을 자각하면 주인에 대한 봉사와 헌신을 내팽개치고 노예 상태에서 벗어나고자 할 것은 불을 보듯 뻔하기 때문이다. 노예가 주인의 단계로 격상된다면, 주인은 힘든 노동을 넘겨받아야 하므로 주인에게 노예의 자각은 부담스럽다.

그래서 주인은 노예가 자유를 자각하지 못하도록 방해하는 구조를 보편화시킬 가능성이 있다. 주인-노예의 관계가 아니어도 통치자-피치자의 관계 내지 지도자-추종자의 관계에서도 일의 분담과 권력 행사에는 차이가 있다. 그 관계가 역전되는 것은, 전자에게는 불편하고 피곤한 일이다. 그들에게는 현상 유지가 최선책이며 통치자-피치자의 위치를 반전시킬만한 싹은 미리부터 잘라버려야 한다. 아무리 훌륭한 대통령이라고 해도, 한번 대통령이 되면 계속해서 대통령을 하고 싶어하는 것은 당연하며, 부당한 방법으로라도 대통령직을 고수하면서 독재자가 되는 과정도 그러하다.

이렇게 방해받는 구조 속에서 노예가 자유와 자기의식을 자각하려면 무엇보다 먼저 자신이 독자적이고 '자립적인 존재'라는 확신이 필요하다. 문제는, 노예가 독자성과 자립성을 어떻게 해서 확신하게 되는가이다. 주지한 바와 같이, 주인의 욕구를 충족시키기 위해 노예가 만든 생산물은 주인에게는 향유의 대상이지만, 노예는 자신의 노동력을 사용하여 만든 자신의 생산물을 소유할 권리도 처분할 권리도 없다. 생산물은 노예에게서 벗어나 독자성을 지닌다. 노예는, 자신이 생산한

61

물건조차도 자신의 소유권과 처분권에서 벗어나 '자립성'을 지니는데, 심지어 '인간인 자신이 왜 자립성이 없을까'라는 의문을 제기하게 된다.

생산물을 산출하는 자는 생산물보다도 '더 나은 가치'와 '더 나은 존재론적 지위'를 지닌다. 그런데 생산물을 존재하도록 하는 자가 생산물조차도 갖고 있는 자립성을 박탈당했다면, 생산물보다도 존재론적 지위가 떨어지는 것은 아닌가? 이 상황을 어느 누가 받아들일 수 있겠는가?

노예는 생산물에 비추어서 자신의 자립성을 자각하고 자신의 가치와 주체성을 상기하게 된다. 노예는 상대방에게 자신의 자립성을 각인시키면서 관계의 변화를 시도한다. 그러나 주인은 자립성을 순순히 인정하기보다는 노동과 봉사를 벗어던지고자 하는 노예에게 강한 억압과 공포로 대응한다. 그리고 그러한 억압과 공포는 노예가 감당하기 힘든 상황을 낳는다. 그래서 노예는 노동과 억압과 공포에서 탈출하기 위해 자립성을 지니는 '외적 존재' 및 '외적 현실'을 포기하기 마련이다. 자립성에 대한 인정이 좌절된 상황에서 노예는 주어져 있는 대상과 대상의 자립성을 오히려 부인하는 의식으로 나아가는 것이다. 노예는 외부 세계에 대한 관심과 욕구를 끊고 '자기의 내면'으로 이행한다. 외부 세계에 대한 욕구의 단절로 나타나는 이 단계가 '금욕주의'이다.

금욕주의는 현실을 부정하는 태도이다. 현실을 부정하는 것은 존재를 대상의식적인 차원에서 파악하지 않고 자아로 시선을 전환하는 것이다. 즉 자립적인 외적 현실을 포기하고 내적 사유에 몰입하는 자기의식으로 방향을 선회한 것이다. 헤겔은 이것을 존재에 대한 관념론적인 파악이며 사유와 관념 속에서 자유를 누리려는 태도라고 본다. 노예가 금욕주의를 통해 자기 내면을 의식하고 내적 사유에 초점을 맞출 때 자아를 자각하는 것이므로 여기에서 '자기의식의 단초'가 드러난다. 그러나 이때의 자기의식은 '현실과 대상의식을 포기한' 자기의식이다.

자기의식의 단초에 해당하는 금욕주의는 '노동 행위를 통해서' 형성된 것이다. 그러므로 노동은, 노예가 자아에 대해 자각하도록 하는 원동력이다. 앞에서 칸트는 '이기적 욕구'를 인간성을 계발하고 역사 발전을 낳는 것으로 간주하는데, 그에 반해 헤겔은 '노동'을 자기의식에 대한 자각과 발전을 낳는 기제로 여긴다.

노동을 통해 산출된 생산물은 노예의 창조적인 능력이 발휘된 것이다. 그러므로 노예는 노동을 통해서 생산물의 '자립성'만 발견한 것이 아니라 자신의 '창조적인 능력'도 발견하게 되고 자신의 '인간적인 본성'을 깨닫고 계발시키게 된다. '자신의 본성에 대한 자각'은 '자기 자신에 대한 자각'이기도 하다.

노예가 노동을 통해 '자기를 자각'한 것은 자신의 '자유'를 자각한 것이고, 주인이 누리던 자기의식을 '내면에서나마' 확신하게 된 것이다. 금욕주의는 대상에 대한 의식에서 자기에

63

게로, 자기의 내면으로 시선을 전환하여 내면의 사유 작용으로 나아간 것이다. 이제 노예는 외적 존재를 내면에서, 즉 사유 속에서, 개념적 틀 속에서 파악하기 시작한다.

그러므로 자기의식으로 시선을 전환한 금욕주의는 노예의 자기의식일 뿐만 아니라 '주인의 자기의식'이기도 하며 자기의식의 한 계기이다.[11] 제대로 된 인정이 좌절된 주인에게서도 외적 현실 및 외부 존재를 부정하는 금욕주의를 동일하게 발견할 수 있다. 주인은 향유로 점철된 행위 때문에 '자신을 발전시키고 자신의 능력을 자각시키는 노동 행위'를 하지 않다 보니, 자연적 욕구에 파묻힐 가능성이 높아진다. 그러다 보면 자유와 자기의식을 망각하게 된다. 헤겔은 이것을 프랑스혁명 이후에 새롭게 부상한 전쟁에 대한 위기감 및 공포 정치 ─물론 자기 내면으로 복귀하는 자유는 공포 시대뿐만 아니라 문화와 교양이 상당히 고양된 시대에도 출현할 수 있으므로 공포 시대만을 자기의식의 초기 단계로 설정할 수는 없지만─ 와 접목시켜 설명한다. 주인은 공포정치 때문에 생겨나는 두려움과 불안감 내지 죽음에 대한 공포를 물리칠 방법이 필요하며 그래서 외부 세계에 대한 무관심과 절제로 나아간다. 금욕주의는 자기의식이지만 외부에 대한 무관심과 부정이므로 '자기의식의 저급한 단계'이다.

그러므로 금욕주의는 '내면의 자유'를 지니는 것 같지만, 내용을 보면 '현실로부터 유리된 추상적 자유'이다. 자신에 대한 자각에도 불구하고 금욕주의는 내용이 없는 것, 즉 '공허한 내용'이며 '추상적인 자기 동일성'이다. 노동을 통해 이루어지는 인간 본성에 대한 파악과 계발이 가능하려면 사유의 내용으로 규정되는 '구별들', 자유의 '내용들'이 필요한데, 금욕주의에서는 외적 형식을 부정하기 때문에 내면의 '내용적 구별이 결여'된다. 금욕주의는 '자기 동일적 사유'이며 추상적 사유일 뿐이다. 금욕주의는 현실을 부정하면서 현실이 지닌 구별도 부정하기 때문에 내용의 구체성에서 벗어나 있다.

사유를 하려면 '내용'이 있어야 하며, 내용은 곧 '사유되는 내용의 구별'을 의미한다. 이때 구별은 외적 현실과의 관계를 지니는, 외적 현실이 보유하는 구별이다. 그러므로 추상적 사유가 구별을 지닌다면 사유 내용은 외적 현실의 구별에 힘입어야 한다. 그러나 금욕주의는 '현실을 도외시하는' 그래서 '구별을 도외시하는' 추상적 사유라서 구별을 정립하지 못한다. 금욕주의는 자연적 존재에 무관심하며 삶이 지닌 충만한 내용을 담아내지 못한다.

금욕주의는 외적 현실을 무시하므로 사물에 대한 욕구 또한 절제한다. 그러므로 의식의 진리성을 찾아나가는 가운데 도달한 자기의식임에도 불구하고, 금욕주의는 공허하고 추상적인 보편성을 넘어서지 못한다. 즉 '구별을 행하는 자기 동일성'도 아니고 '자기 동일성을 지닌 구별'도 아니다. 그래서 금욕주의는 진리가 무엇인지를 설명할 길이 없다. 마치 선이 무엇인지, 덕이 무엇인지, 진리가 무엇인지를 물었을 때, 대답을 위해 필요한 구체적 삶의 내용이 사라지고 선에 관한 사유가 추상성에 빠져 버리듯이, 진리성을 회복하기 위해 도달한 금욕주의도 도리어 내용 구별을 망각한 추상에 지나지 않게 되는 것이다.

구체적 삶의 지평에서 논의되는 내용 구별에 대한 '거부'는 자세히 살펴보면 그 '구별을 순차적으로 부정하는 과정'을 함축하고 있다. 즉 현실적 존재의 다양한 규정들을 한꺼번에 부정하는 것이 아니라, 새로운 규정을 만날 때마다 '순차적 의심'을 야기한다. 현실적 규정에 대한 지속되는 부정은 금욕주의에서는 포기한 현실을 '무상하다고 지속적으로 회의해 나가는 과정'으로서 '회의주의'적 태도에 해당한다. 추상적 사유에 도달하려면 구체적인 구별들을 무화시키는 연속적인 부정 작용이 필요하다. 이때 구별을 지속적으로 부정하는 운동은 금욕주의가 아니라 '회의주의'이다. 회의주의는 현실을 거부하지만 부정 운동 속에서 현실적 구별들을 '우회적으로' 드러내 보여준다. 구별은 현실적 존재가 지닌 구별이므로 사유의 추상성은 현실적 존재에 대한 부정뿐만 아니라 현실적 존재의 구별에 대한 '부정성'을 의미하게 된다. 즉 금욕주의가 구별을 부정하고 구별을 통해 주어지는 현실을 거부할 때, 거부는 회의주의로 이행하게 되는 것이다.

노예가 자신의 생산물을 통해 추상적 자기의식이라는 금욕주의로 이행할 때 노예가 거부하는 외적 현실에 해당하는 생산물은 특정한 내용을 지니고 있다. 그래서 금욕주의의 거부는 특정한 내용에 대한 거부이고, 생생한 구체성을 지니는 삶의 규정들에 대한 지속적인 거부이다. 거부 운동은 금욕주의로는 담아낼 수 없는 부정성, 즉 회의주의의 운동이다.

주인과 노예가 금욕주의에서는 자신의 '자립적 의식'에만 몰입하는 데에 반해, 회의주의에서는 '타자에 대한 부정 작용'에 몰입한다. 그러므로 회의주의는 타자에 대한 욕구, 타자의 노동 행위 및 그에 따른 외적 현실을 부정하는 '무한한 작용'이다. 이 속에서 '타자와의 관계성' 및 '무한성'이 '간접적으로' 자각된다. 회의주의는 무한한 부정 속에서 무한성의 원리를 자신 안에 지니는 자기의식이며 무한성의 내용들이 서로 구별을 이루는 자기의식이다.

회의주의는 다양한 삶의 현상에 직면하여 동시에 그것들을 부정하는 지속적 활동이므로 확실하게 자기 자신의 내면의 정립, 내면의 자유의 정립, 자기의식의 정립을 이룬다. 현실을 부정함으로써만, 즉 타자를 부정함으로써만 도달하게 되는 자신의 내면과 자신의 자유와 자신의 확신 속에서 자아는 절대적인 자유에 도달하게 되는 것이다. 그 자유는 '끊임없이' '구별에 대한 부정'을 행하면서 '자기 자신의 동일성', 즉 자기 자신의 '부동심'에 머무르려고 한다. 그러나 자기의식은 부동심에 도달하기 위해, 즉 자아이 '절대적 자유'에 도달하기 위해 오히려 끊임없는 외적 현실에 맞부딪치게 되고 그 가운데 놓여있는 불안, 동요 속으로 떨어진다.

회의주의는 내면의 절대적인 자유로 끊임없이 다가가려 하지만 오히려 외적 현실과의 구별과 조우하고 다시 다양한 구별을 부정하는 가운데 현실의 심연을, 자신의 한계로 자각한다. 자기의식은 내면의 절대적인 자유를 파악하고 모든 내용적 구별을 부정하는 '무한성'이지만 동시에 무한성을 도출하기 위해 구별을 지닌 외적 현실과 대면하고 외적 현실을 부정하게 되므로 오히려 외적 현실의 우연성에 좌우되는 '유한성'에 사로잡혀 있다. 자기 동일성을 보존하는 무한한 자기의식은 우연 속에 방황하는 유한한 동요인 것이다. 여기에서 자기의식은 '무한성과 유한성의 분리'를 자각하게 된다. 회의주의는 이런 분리 속에서 동요할 뿐이지 무한성과 유한성을 통일시키지는 못한다.

현실의 심연 속에서 드러나는 '무한성과 유한성의 분리'를 자각하고 분리를 극복하고자 하는 의식은 '불행한 의식'이다. 불행한 의식은 내면적 자유와 현실의 심연, 즉 자유와 현실적 필연 사이에서 나타나는 모순을 자각하게 된다. 이 모순은 '무한한 자기의식'과 '유한한 자기의식'이 내적으로 대립하는 의식이며, '자기의식의 동일성과 부정성'이다. 즉 금욕주의와 회의주의라는 계기들의 본질이 불행한 의식의 대립항으로 드러난 것이다.

'무한성과 유한성의 대립'으로 나타나는 '자기의식의 대립항'은 각각 '주인과 노예'에게 적용되는 단일한 자기의식처럼 보인다. 그러나 주인에게서도 노예에게서도 자기의식의 분열된 모습이 각각 나타나며, '분열된 무한한 자기의식'과 '분열된 유한한 자기의식'이 자기 내적 모순을 감지하면서 이 상황을 지양하려고 한다.

자기의식의 세 계기를 거치면서 노예는 애초의 '주인이 지녔던 자기의식'과 동등한 자기의식에 도달하게 된다. 세 계기를 거친 자기의식 및 자유를 확립한 주인이 점차 향유에 매몰되어 자기의식을 상실해 나가는 데 반해, 노예는 노동을 통해 점차 자기의식 및 자유를 자각하게 된다. 고양된 자기의식은 노예를 노예 상태로 남겨두지 않으며, 노예는 노예 상태에서 벗어나서 주인의 위치에 오르기 위해 목숨을 건 싸움을 벌이게 된다. 노동을 통해 '자기의식'과 자신의 '자유'와 '무한성'을 '자각한 노예'는 생산에 종사하지 않고 향유만을 일삼으면서 노동이 낳는 자기의식의 고양 계기를 망각한 '미약한 주인'과 싸움을 벌인다. 이제 인정 투쟁은 처음에 있었던 양상과는 달라진다. 자유를 자각한 노예는 이전과 달리 자유를 위해 죽음이라도 불사하겠다는 태도를 취하면서 피비린내 나는 전장의 위험을 기꺼이 감수하게 되기 때문이다. 노예는 죽음에 대한 공포로 인해 삶에 안주하기보다는 죽음을 불사하더라도 자유를 얻겠다는 결연한 의지를 가지고서 싸움에 임하게 된다. 그러므로 인정 투쟁의 결과는 자연히 반전된다. 주인은 노예가 되고, 노예는 주인이 된다.

인정 투쟁에서 노예의 소망은 주인에게서 자신이 '주인임을 인정받는 것'이다. 노예의 기저에 깔려있는 욕구는 자신이 자유로운 자기의식적인 존재임을 인정받고자 하는 '인정 욕구'이다. 그런데 노예가 주인이 되어도 주인이 느끼는 허망함을 노예가 느끼기는 마찬가지이다. 왜냐하면 인정 투쟁의 그 끝은 주인-노예 관계의 역전이 아니라, 어디에도 노예가 없는 상태, 즉 모두가 주인이 되는 상태이기 때문이다. 서로가 서로를 주인으로 인정하는 '상호 인정'이 인정 투쟁의 끝이며, 인정 욕구의 완전한 실현이다.

이런 의식의 고양을 헤겔은 특수성과 보편성의 대립 및 통일 과정으로, 유한과 무한의 대립 및 통일 과정으로 논증해 나간다. 인정 욕구와 인정 투쟁의 변증법은 서로를 자유로운 존재로 상호 인정하고, 타자 속에서 자신에 대한 앎과 발전을 절대적으로 이루는 '보편적 자기의식'에 도달할 때까지 지속된다. 상호 인정의 실현은 투쟁하는 대립자 중 하나의 개별성과 특수성을 부각시키는 것이 아니고 서로가 타자를 통해 자신의 앎과 자유와 자기의식을 확장시키는 것이다.

상호 인정은, 내가 나 자신의 특수성을 지양하고 타인 속에서 자신을 직관함으로써 그리고 타인 또한 타인의 특수성을 지양하고 나 속에서 자신을 직관함으로써 '보편성'을 정립하는 것이다. 즉 자신의 특수성과 타인의 특수성의 대립을 해소하여 '보편성'과 '보편적 자기의식'을 창출하고, 자유로운 인간들의 상호 융합과 통일이 달성되는 것이다. 그러므로 이러한 인정 욕구의 구조는 심리적 인정에 그치는 것이 아니라, 인간들의 관계와 삶의 구조 전체로, 더 나아가 삶과 사유의 지평인 존재와 가치체계 전체로까지 확장된다.

# 인정 욕구의 양상: 대등 욕구와 우월 욕구

 욕구들의 충돌에도 불구하고 타인에게서 인정을 받으려면, 자신이 지닌 계획과 의지와 생각이 전적으로 사적인 것이거나 그저 특수한 것으로 귀착해서는 안 된다. 타인도 그것을 받아들일 수 있으려면 나의 욕구는 사적 측면을 극복하는 '공적인 것'이어야 하며, 궁극적으로 인간 삶에 투영되는 '보편성'을 지녀야 한다. 그렇다면 누구나 개인적 관심사를 넘어 사회에서 관철되는 추상적인 원리를 고려할 수밖에 없을 것이다. 추상적인 원리는 한 개인의 사적 목표나 이해관계를 고수하는 아집에 머물러서는 안 된다. 공동체가 요구하는 목적으로 나 자신을 열어놓아야 하며, 아집에서 벗어나서 보편적인 목표를 포함하여야 한다.

이 원리는, 인간이 지닌 본래적인 본성을 가장 잘 발현하게 하며, 그로 인해 인간성이 최대한 발휘되는 삶의 구조를 만들게 된다. 그러므로 바람직한 상호 인정을 실현할 수 있으려면 인정을 실현하기에 적절한 구조가 형성되어야 한다. 사회의 관습, 습속, 민족정신이 이러한 공통의 삶의 지평으로 받아들여진다. 공통의 지평에서 논의되는 원리들을 이성적으로 체계화한 법이나 제도와 같은 조직화된 질서가 관심의 초점으로 대두된다. 개인적인 욕구를 지닌 나나 타인 모두 추상적인 원리와 공동체의 보편성을 이해하고 그 원리를 구체적으로 확립하는 관계망 구조를 형성하게 된다.

공동체의 보편적인 원리, 제도, 법을 통해서 '억압적 분위기'나 '공포가 횡행하는 관계'를 만들지 않도록 하려면, 지배-예속적인 형태가 되지 않도록 노력해야 하며, 개인들이 인정받고 싶은 욕구가 무엇인지, 즉 인정의 내용이 무엇인지를 좀 더 구체적으로 살펴 볼 필요가 있다.

금욕주의에 빠져있는 자기의식은 구별이 없는 공허한 자기의식이기 때문에, 그 속에서의 내적 자유는 공허하고, 더 나아가 선의 내용, 덕의 내용 또한 추상적이었던 것을 생각해 보라. 이러한 상황처럼 인정 욕구를 '그저 인정해라' 내지 '무조건 인정해라'는 식으로만 받아들이게 되면 - 자기의식의 동일성이 내용을 상실한 추상적인 자기의식으로 전락하듯이 - 인정의 구체적인 내용이 제거된 공허한 상태에 그치게 된다. 인정 욕구를 제대로 실현하려면 인정의 내용에 대한 구체적인 이해가 필요하다. 보편성을 띠면서도 상호 인정을 이룰 수 있는 구체적인 인정 욕구는 '대등 욕구'와 '우월 욕구'로 대별된다.

공동체에서 나와 타인은 서로의 가치를 대등하게 존중한다. 인간으로 태어난 사람이면 누구나 시간·공간·위계적인 차이를 초월하여 서로의 권리를, 각 개인의 자연법적 기본권과 인간 존엄성을 동일하게, 즉 대등하게 인정받아야 한다. 기본적인 권리와 그에 따른 존엄성이 인정될 때, 사람들은 자기에 대한 존중감과 자존심을 확립하게 된다. 이는 인간이 실현해야 할 목표이면서 동시에 모든 사고와 행위의 근저에 깔려있는 전제이다. 이것이 갖추어질 때 나와 타인이 지닌 생각, 습성, 계획, 목표 등을 동등하게 고려할 여지가 생긴다.

그러므로 상호 인정을 이루려면 기본적으로 '대등 욕구'[12]를 이해하고 실현하는 데서 출발해야 한다. 내가 자유롭듯이 타인도 동등하게 자유롭고, 내가 존엄하듯이 타인도 동등하게 존엄하다. 나와 타인은 동등하게 자유롭고 동등하게 존엄한 평등한 존재이다.

내가 나의 자립성을 주장하고, 그 속에서 주체성을 발휘하듯이 타인도 타인의 자립성을 주장하고, 그 속에서 주체성을 발휘한다. 내가 나의 자기의식적인 사유의 지평을 형성하면서 나의 아집에서 벗어나듯이, 타인도 자기의식적인 사유의 지평을 형성하면서 자신의 아집에서 벗어난다.

자유로운 존재인 나와 타인, 자기의식적 존재인 나와 타인은 욕구를 발휘할 때도, 욕구를 실현하기 위해 노동을 할 때도 대등한 위치를 지닌다. 그러므로 대등 욕구가 제대로 실현되어야만 바람직한 민주주의가, 즉 자유와 자기의식과 존중감을 지니는 인격체들의 민주주의가 달성된다.

그러나 '대등 욕구'가 제대로 실현되지 못하고 '왜곡'된다면, 지배-예속적 형태가 나타나게 될 것이다. 사람들은 욕구 충족의 용이성을 위해 상대방을 억누르고 타인을 자신의 지배 아래 두려고 한다. 이렇듯 타인의 존엄성과 자유를 박탈하고 자신의 특수성을 부각시키려고 하는 욕구는 '지배 욕구'이다. 지배 욕구는 언제라도 발생할 수 있다.

인정 욕구가 상호 인정을 실현하기는커녕 오히려 지배 욕구로 변질되므로, '권력'과 '폭력'이 창출된다. 한 집단의 장이 되고 싶은 욕구, 그래서 부하 직원에게 일방적으로 명령하고 싶은 욕구, 타국을 자신의 논리대로 지배하려는 식민지적 발상, 다국적 기업을 통한 세계 경제의 잠식, 자유와 평화의 수호자라는 이름을 내걸고서 자신의 정치 체제를 관철시키려는 태도, 자신의 종교만을 진리로 간주하면서 행하는 종교 탄압 등은 '대등 욕구'가 무시되고 '지배 욕구'로 전락한 것들이다.

이렇듯 인정 욕구가 대등 욕구에 머무르지 않고 대등 욕구를 일탈하여 지배 욕구로 변질되는 이유는 무엇인가? 사람들은 자신의 자유와 독자적인 인격성을 인정받으려고 할 뿐만 아니라, 대등 욕구를 제대로 실현하기 위해 헌신하는 가운데 '명예심'과 '자긍심'을 갖기도 한다. 명예심과 자긍심은 '대등 욕구에 기초'한다. 그러나 명예심과 자긍심은 모두에게서 발견되는 것이 아니며 한 개인을 남다른 존재로 만들기도 한다. 왜냐하면 명예심과 자긍심은 '동등한 시민이면서도 동시에 우수하고 탁월한 시민'으로 인정받을 때 생겨나는 감정이기 때문이다. 이것들은 대등 욕구를 전제하고 대등 욕구에서 '출발'하지만, 대등 욕구를 넘어서서 자신이 타인보다 우수하다는 '우월 욕구'를 낳는다.

우월 욕구는 명예로운 시민으로서 자긍심을 갖고 그러한 자긍심을 타인에게서 인정받고 싶어 하는 욕구이다. 우월 욕구는 여러 측면에서 다양하게 나타난다. 가령 경제학적 지식이 남들보다 뛰어나다든지, 자신이 종사하는 학문 분야에서 뛰어난 실력을 소유한 사람이라든지, 사회의 귀감이 되는 훌륭한 일을 많이 한다든지, 어려운 이웃을 도와주는 사회봉사 정신이 남달리 강하다든지, 음악적 자질이 뛰어나 훌륭한 음악을 만든다든지 할 때도 우월 욕구가 발휘된다. 단순히 대등한 인간으로 인정받는 것에 그치지 않고 남다른 우수한 측면을 지니고 있을 때, 우수한 측면 때문에 남다른 명예심과 자긍심을 느끼게 된다. 이렇듯 남보다 뛰어나다고 인정받고 싶은 욕구가 우월 욕구이다.

우월 욕구는 대등 욕구에서 벗어나거나 대등 욕구를 무시하는 것이 아니라 오히려 대등 욕구의 이면이다. 우월 욕구는 대등 욕구를 침해하기보다는 '대등 욕구를 기반'으로 하면서도, 공동체를 위해 '남들보다 더 나은 능력을 발휘'하려고 하

는 장점을 지닌다. 우월 욕구는 대등 욕구를 해치지 않으면서
도 동시에 사회에서 좋은 방향으로 발휘되는 욕구이다.

가령 전철 안에서 어떤 사람이 연약한 사람을 괴롭히면서,
그 사람의 가방에서 지갑을 훔쳐가려고 하는 경우를 생각해
보자. 전철 안에 같이 타고 있는 시민들이 모두 그 장면을 목
격했음에도 불구하고, 어느 누구도 그 사람에게 제재 조치를
취하거나, 피해자를 도와주려고 하지 않는다. 왜냐하면 도와
주다가 자신이 더 심각한 피해를 입을지도 모른다는 두려움이
사람들의 뇌리 속에 박혀 있기 때문이다. 그런데 동일한 상황
에서 강도에게 달려가 "지갑을 그대로 둬!"라고 하면서 팔을
붙들고 엎치락뒤치락 하다가 강도를 붙잡은 시민이 있었다면,
그는 '용감한 시민'이라고 칭송을 받으면서, '용감한 시민상'
을 받게 될 것이다.

이 시민은 우리와 동일한, 즉 '대등한 시민'이지만, 동시에
남다른 용기를 보여주었기 때문에 '용감한 시민'이다. 그는 자
신이 용감하다는 이유로 타인을 업신여기거나, 자신이 특별한
시민이라고 생각하지는 않는다. 그러나 그에게는 남에게는 주
어지지 않는 '용감한 시민'이라는 명예스런 칭호가 부여되며,
그로 인해 그는 남다른 '명예심'과 '자긍심'을 지니게 된다.
이 시민은 다른 시민보다 우월한 시민이지만, 이때의 우월성
이 타인과의 관계에서 위계를 설정하거나 타인을 지배하는 우
월성은 아닌 것이다.

자유로운 민주 사회를 이루기 위해 대등 욕구가 실현되어

야 하지만, 현재보다도 더 나은 수준의 문화, 더 나은 경제, 더 나은 정치 등을 창출하기 위해서는 이러한 우월 욕구가 있어야 한다. 남들보다 더 뛰어난 사람이 되고 싶은 욕구를 지닌 사람은 그 욕구를 실현하기 위해 남들보다 더 노력한다. 그 노력의 결과가 공동체의 삶 곳곳에 투영되면 사회 발전과 개혁을 주도하고, 때로는 급격한 변화를 야기하더라도 보다 발전된 사회를 만드는 데 일조하게 된다. '우월 욕구'는 타인보다 내가 우월하다는 데서 오는 위계의식이 아니라 오히려 '역사 발전의 원동력'으로 작용할 수 있다. 더 발전된 미래를 창출하기 위해 우월 욕구는 필요하며, 역사는 이미 우월 욕구에 힘입어 더 나은 상태로 발전해 왔음을 증명해 주었다.

그러나 우월 욕구를 지나치게 강조하다 보면 순수성이 상실되고 우월 욕구가 배태하는 '대등 욕구라는 이면이 망각'되는 경우가 생겨난다. 나와 타인의 동등성이 사라지고 한쪽의 우월성이 부각되다가, 급기야 명예심과 자긍심이 누구에게나 실현 가능한 것이 아니라 자신과 같은 특별한 존재에게만 가능하다는 오해를 낳게 된다. 명예심은 애초에는 대등 욕구의 실현이었다. 그러나 명예로운 시민은 명예롭지 않은 시민보다 더 우월하기 때문에 다른 시민보다 발언권이 더 강하며 그의 의견이 공동체의 의견이 되어야 한다는 식으로 변질되면, 명예로운 시민의 '특수성'이 마치 사회 전체의 '보편성'이라는 발상을 낳게 된다. 이런 발상을 갖게 되면, 보편성이 상호 인정 속에서 창출되는 것이 아니라 우월 욕구를 지닌 자의 특수성으로 오인되며, 그래서 자신의 특수한 욕구나 능력이 보편적 욕구나 능력이어야 한다는 왜곡된 태도가 형성된다. 즉 '지배 욕구'로 변질되는 것이다.

게르만 민족의 특수성을 우수성이라고 생각하는 히틀러가 자신의 우월 욕구를 왜곡하여 보여 준 잔혹한 사례가 유대인 학살이다. 오늘날 동일한 자유민주주의 국가인데도 불구하고 자신들을 평화의 수호자이며 자유의 창출자로 간주하는 집단 안에서도 변질된 우월 욕구가 나타나고 있다. 이처럼 잔혹하고 변질된 우월 욕구는 이제 대등 욕구에 기초한 발전적인 우월 욕구가 아니라 대등 욕구를 무시하고 오로지 위계적 질서에만 관심이 있는 '지배 욕구'에 지나지 않게 된다.

'지배 욕구'는 '왜곡된 우월 욕구'이다. 지배 욕구를 지니는 사람은 상대방에게서 자신의 지배성을 인정받으려고 하며, 상대방이 순순히 인정하지 않으면 상대방에게 폭력을 행사하기도 한다. 이렇듯 지배 욕구가 나타나는 곳에서는 어디에서나 억압과 갈등과 폭력과 싸움이 일어날 수밖에 없다.

헤겔의 주인과 노예의 변증법에서 주인은 '왜곡된 우월 욕구'인 '지배 욕구'를 노예에게 관철시키면서 노예로부터 일방적으로 인정을 받으려고 하기에, 결국은 공허감에 휩싸이고 만다. 이런 지배 구조에서는 상호 인정을 이루지 못한 반쪽 인정이, 더 나아가 '인정의 상호 부인'이 일어나기 때문이다.

# 인정 실현의 논리적 귀결: 특수성이 살아있는 보편성

인간의 욕구가 타인을 억압하고 지배하는 구조로 변질되지 않도록 하려면, 상호 인정을 통해 보편성과 보편적 자기의식을 창출해야 한다. 서로의 욕구, 의지, 생각이 충돌하는 가운데 '한쪽이 지닌 특수성이 보편성으로 대치'된다거나, '보편적인 자기의식이 우월 욕구를 지니는 쪽의 것'이라는 식의 결론이 도출되어서는 안 된다. 한쪽의 특수성과 개별성을 다른 쪽에도 동일하게 관철시키려고 하는 것은 일종의 폭력이다. 한쪽의 특수성을 절대화하는 폭력은 어제 오늘의 일은 아니다. 헤겔은 『법철학』에서 특수성을 독자적으로 전개했을 때, 가령 고대 국가에서는 도덕(습속)의 타락과 국가 멸망으로까지 이어졌다고 주장했다.[13]

보편적인 자기의식을 실현하려면 사적 이해관계나 특수성에 몰입하는 아집을 버려야 하며, 공동체에 관철되고 있는 추상적 원리와 보편적 목적에 대한 자각이 요구된다. 이때 원리들은 한 개인에게 부속되는 원리가 아니라 개인이 속해 있는 보편적 지반으로서의 공동체의 원리이다. 그 원리를 헤겔은 관습 또는 습속이라고 한다. 누구나 공동체 속에서 삶을 시작하기 때문에, 인간들은 아무리 사적 욕구에 몰입한다고 해도, 공동체적 삶의 지평이 가져다주는 공동체적 원리와 보편적 정신을 보유하고 있다. 그러므로 그 속에서 자신의 사적 이해관계가 공동체의 보편성과 추상적 원리에 매개될 수 있도록 해야 한다. 그럴 때만이 개인은 사적 차원을 극복하게 되고, 공동체 또한 추상성을 극복한 구체적 원리를 도출해 낼 수 있는 것이다.

공동체적 지평에서 드러나는 삶의 보편성을 헤겔은 '인륜성'이라고 부른다. 인륜성은 보편적인 자기의식이 실현하려고 하는 이념이다. 이것은 특수한 삶의 방식을 포괄하면서 이루어지는 보편적인 목적이다. 즉 단순히 추상성에 머무는 것이 아니라 대립되는 특수성에 대한 고려 속에서 이루어지며, '구체적 구별'과 '구체적 내용'을 담아내는 '보편성'을 의미한다. 금욕주의가 추상적이기에 내용과 구별을 지닌 사유가 되기 위해 회의주의 혹은 불행한 의식으로 이행하듯이, 국가의 원리는 개인들의 특수한 의지를 반영하고 매개되는 원리로서 '구체성을 띤 원리'로 이행하게 된다. 그러므로 국가의 목적은 특수한 목적을 반영하고 매개하는 보편적인 목적이 되어야 한다. 헤겔은 이를 인륜성이 실현된 단계라고 본다. 인륜성은 한꺼번에 이루어지는 것이 아니라, 이를 실현하기 위한 역사·논리적인 전개가 필요하다. 각 개인은 역사적인 지평에서 보편적인 목적을 포착하고, 자신의 특수성이 보편성과 매개될 수 있도록 고군분투하게 된다.

그런데 이 속에서 한 쪽의 특수성이 절대화되는 폭력 내지 지배 구조가 생겨나는 것을 현실적으로 완벽하게 막을 수는 없기 때문에, 변질된 우월 욕구 또한 쉽사리 막을 수는 없다. 다시 말해 한쪽이 다른 쪽으로 일방적으로 흡수되고 포섭되는 것을, 즉 대등 욕구가 사라진 상황을 완벽하게 막을 수는 없다는 것이다.

이런 어려움에도 불구하고 양자가 서있는 공동체적 지반 속에서 참된 인정, 즉 상호 인정을 실현하면서 인륜성이 구현되도록 지속적인 노력이 필요하다. 그러므로 상호 인정을 거친 통일에서는 구성원들의 '구별'과 '독자성'이 살아있어야 한다. 보편성의 실현이 일방적이고 억압적인 통일로 전락되지 않으려면, '개인과 개인간의 구별', '집단과 집단간의 구별', '국가와 국가간의 구별'이 살아있어야 한다. 다시 말해 보편성을 실현하고 보편성으로 이행하는 가운데서도 구성원들이 지닌 특수성과 특수한 의지를 보존할 수 있는 통일이어야 한다는 것이다.

참된 인정을 얻으려면 타인을 '특수성을 지닌 존재'로 인정하면서도 동시에 그 속에서 '나의 보편성을 직관'할 수 있는 '구체적 보편'을 실현해야 한다. 이것은 특수성을 제거하는 것이 아니라 양자의 특수성을 인정하는 것이다. '타인과 나의 구별'을 인정하면서 타인을 통해서 자기에 대한 규정을 획득하고 자기 계발을 하고 자기를 아는 인간이 될 때, 참다운 자기의식을 실현하는 것이다. 여기에서 서로의 특수성과 개별성을 확산시키고 자유와 자기의식을 확장할 수 있다.

특수성이 살아있는 보편성을 실현한다는 맥락에 따른다면 상호 인정은 오늘날 '기독교-자유민주주의 국가인 미국'과 '이슬람교-공동체주의 국가인 아프가니스탄'의 대립에도 적용해 볼 수 있다. 미국은 자국을 자유와 평화의 화신으로 간주한다. 그리고 자유민주주의 체제는 세계사적인 정당성을 지니며 그 제체를 통해서 평화 수호자 및 자유 창출자의 역할을 한다는 미국의 우월 욕구 때문에, 미국은 세계 곳곳에서 생겨나는 분쟁에 개입한다. 미국은 분쟁에 개입하는 데에 그치지 않고, 예를 들어 가자 지구를 둘러싼 이스라엘과 팔레스타인의 싸움에서 이스라엘의 손을 들어줌으로써 분쟁을 야기하기도 한다. 동시에 각 나라를 미국의 정치 체제와 문화를 닮아가도록 유도해야 한다고 생각하며, 특히 미국이 국교로 삼고 있는 기독교가 자유민주주의 정치 체제를 뒷받침하는 가장 우월한 종교라는 생각을 암암리에 지니고 있다. 자유민주주의와 평화 수호를 강조하는 미국의 발상에도 알게 모르게 우월 욕구가 작용하고 있는 것이다.

자유와 평화의 수호자라는 발상에는 한 나라의 우수한 시민이면서 전 세계를 대표하는 세계 시민이라는 명예심과 자긍심이 담겨있다. 수호자 역할을 하는 미국에게는 세계 속에 민주주의를 실현하는 '역사 발전의 주인공'이라는 우월감이 있다. 그러나 이 우월 욕구가 국가 간의 이해관계의 대립과 분쟁에서 힘의 우위로 작용한다면 '변질된 우월성'과 '한 쪽의 특수성'을 각인시키는 형태로 나타나게 된다.

변질된 우월 욕구의 관점에서 보면, 미국은 보편적 국가이고, 이슬람 국가는 보편성을 어기고 있는 것으로 보인다. 이슬람 국가, 특히 중동 국가들은 미국의 논리를 보편성으로, 바람직한 인륜적 공동체로 받아들이지 않는 특수성이기에, 즉 보편성에 위배되는 특수성이기에, 인정 투쟁의 싸움터로 여지없이 회부되어야 한다고 미국은 생각한다.

인정 투쟁의 싸움터에서 정치·경제적인 힘의 우위를 점하고 있는 미국이 승리할 가능성이 크다. 그러나 그 가능성은 주인-노예 변증법의 인정 투쟁에서 노예가 죽음을 두려워하여 목숨을 건 싸움을 하지 않듯이, 이슬람 국가가 목숨을 걸고 싸우지 않아서 미국이 승리한다는 것은 아니다. 인정 투쟁의 출발심이 이미 부당한 힘의 편새를 지니고 있기 때문이다.

미국이 이슬람 국가나 제3세계로부터 '왜곡된 우월 욕구'를 지니고 있다는 오해를 지우고 싶다면, '대등 욕구'를 다시 상기해야 한다. 대등 욕구는 '상호 인정'과 '상호 통일' 속에서 '구별'과 '독자성'을 보존할 때 실현되는 것이며, 타인 안에서 자기를 직관하면서 자기 규정과 자기 계발을 하려고 할 때 실현되는 것이다.

그렇다면 이슬람 국가의 구별과 특수성을 인정하고, 이슬람 국가 속에서 기독교 국가를 직관해 낼 때 대등 욕구가 현실화될 수 있을 것이다. 미국의 자유와 세계 평화의 힘은 이슬람 국가의 자유와 가치를 인정하고 이슬람 국가에서 자신을 직관하고 반성할 때 실현된다. 이와 반대로 이슬람 국가도 똑같이 미국의 특수성을 이해하고 그 속에서 보편성을 창출해 내는 자기 직관의 자세를 지녀야 한다. 대등 욕구의 실현은 마치 플라톤의 공화국처럼 '특수성을 배제한'[14] 실체화된 보편적 국가를 형성하는 것이 아니라, 각 국가의 '특수성을 자유롭게 방면(신장)시키는 것'[15]이고, 그리고 바로 그런 신장 속에서 자유의 보편적 이념이 실현될 수 있을 것이다.

# 현대를 관통하는 미해결의 인정 욕구들

　　현대 사회에서 인정 욕구가 가장 잘 실현된 나라가 어디인가를 묻는다면, 그것은 자유와 평등을 제도화하여 인간 존엄성을 가장 잘 실현한 국가에 대한 물음이고, 세계사적 관점에서 진보사관의 정점에 해당되는 보편적 국가에 대한 물음이 될 것이다. 오늘날 그 대답은 서구, 특히 미국을 염두에 두면서 자유민주주의 모델을 제시하는 후쿠야마의 '역사의 종말'이라는 테제로 압축된다. 그는 1989년에 저널 *The National Interest*(16호)에 발표한 「역사의 종말?」이라는 논문에서 미국식 자유민주주의는 더 이상 발전된 모델을 제시할 수 없는 '역사 발전의 완성이면서 정점'이라고 말했다. 그래서 미국은 세계사적 관점에서 '보편적 국가'이다. 후쿠야마는 헤겔의 『역사철학강의』에서 떠오르는 신세계, 즉 아메리카에 대한 단 한번 언급한 것에 기초하여 자신의 주장을 밀고 나간다. 그는 과학기술의 발달에 따른 '경제 발전'과 인정 투쟁에 기초한 '상호 인정'을 역사 완성의 근거라고 제시한다. 그 근거가 미국처럼 현실화되어 있는 나라가 없기 때문에, 전 세계는 미국을 보편적 국가로 받아들이면서 미국식 자유민주주의를 실현하는 방향으로 나아가고 있다는 것이다.

후쿠야마는 미국식 자유민주주의가 역사 발전의 보편적 모델이라는 전제를 지니고 있으며, 냉전의 종식이 시작되는 시점과 맞물려서 역사의 종말을 주장하고 있기에, 현대의 미국이 정치·경제적 차원의 보편성뿐만 아니라 사회, 문화, 종교와 관련된 모든 영역에도 보편적 파급 효과를 미치고 있다고 자신있게 진단한다.

이렇듯 미국식 자유민주주의를 세계사의 정점에 놓다 보니, 정점에 도달한 보편적 국가에게 더 이상 경제·정치적 문제가 역사 발전의 걸림돌이 될 수 없다. 그래서 전 세계적으로 남아 있는 문제 영역으로 부각된 것이 '문화'이며, 다른 국가와의 '문화적 차이' 및 '문화적 갈등'이다. 헌팅턴은 후쿠야마의 논쟁을 이어받아서 동서냉전이 탈색되고 미국식 자유민주주의가 현실화될 경우에 새로운 갈등으로 등장하는 영역은 문명들 간의 충돌이라는 주장을 『문명의 충돌』(1993)을 통해 제시한다. 그는 상이한 문명 집단 간의 분쟁 중에서 20세기에 심각하게 그리고 반복적으로 나타나는 것이 종교 분쟁이라고 말한다. 그것은 이슬람 문명과 비이슬람 문명 간의 대립이며, 이슬람과 서구(내지 미국) 간의 전쟁으로 나타난다. 헌팅턴은 중동 전쟁을 '중국과 북한으로부터 무기를 제공받은 이슬람권'이 '자유민주주의를 수호하는 미국'과의 충돌로, 즉 현대 사회에서 서로 다른 문화 간에 나타나는 전형적인 충돌로 본다. 그러므로 앞으로 남아있는 전 지구적 문제는 종교로 상징되는 '문화의 차이'와 '문화적인 차이의 해소'이다. 서로 다른 문화들은 충돌할 수밖에 없기 때문에 문화 충돌을 해소하고자 하는 곳에도 문화의 보편성과 특수성 문제가 인정 욕구를 야기하게 되며, 이때 헌팅턴은 서구 내지 미국 문화가 보편성을 지닌다는 암묵적 전제를 배태하고 있다.

헌팅턴의 문명 충돌에는 문화의 차이와 특수성을 탈색시키면서 다른 문화를 동일한 가치로 보지 않는 제국주의적이자 보수주의적 발상이 들어있다는 비판이 있으며, 그 중 뮐러가 대표적인 학자이다. 그는 『문명의 공존』(1995)에서 문명이 '교류'와 '문화 생성의 역동성'을 통해 서로 다른 문화에게 영향을 주고 확산되면서 공존할 수 있는 가능성이 있는 데도 헌팅턴이 이를 차단하고 있다고 비판한다.

헌팅턴이 문명의 충돌을 주장하는 시점은 아이러니하게도 미 국방성이 서구의 문제점을 극복할 대안을 찾는 과정에서 '동양으로 시선을 전환하는 시기'와 교묘하게 맞물린다. 미국의 문제점에 대한 강력한 대안으로 동양의 정신이 떠오르고 '이슬람교'와 '유교'가 주목을 받게 되었다. 그러나 동시에 미국이 대처해야 할 위험 국가로서 중동과 북한이 거명되었는데, 중동은 이슬람권에, 북한은 유교권에 속해 있다. 이슬람권과 유교권은 현재 미국의 정신적 대안이면서 동시에 역설적이게도 타도해야 할 문화권역이 된 것이다.

이슬람권과 유교권만을 공격 대상으로 삼은 이유는 무엇인가? 여기에는 미국식 힘의 우위와 지배 욕구가 관철되고 있으며, 동양 문화를 '아시아적 가치'로 인정하기보다는 자기들의 시각으로 오도하는 '오리엔탈리즘'과 그 변형이 작용하고 있는 것이다. 미국이 지닌 이중 전략 속에는 언제나 자국이 보편성을 지니며, 자국과 다른 것은 보편성으로 흡수되거나 폐기되어야 한다는 생각이 들어있다. 특수성을 지니는 중동과 북한은 보편성을 견지하는 특수성이 아니라 폐기해야 하는 악한 세력으로 간주하고 있는 것이다.

경제·정치적 발전은 사회·문화적 발전과 맞물려서 세계사를 주도하기 때문에, 경제·정치적 힘의 우위를 지니는 미국은 모든 발전을 대변하는 보편적 국가라는 자부심을 갖고 있다.

서구인의 시각에서 보면 중동에서 나타나는 종교적 삶의 양태와 문화는 비합리적, 비이성적, 비민주적이며, 궁극적으로 자유민주주의에 위배되는 것, 문화 절대주의에 위배되는 것이다. '서구와는 다른', 특히 '미국과는 다른' 성격의 문화는 이성, 합리성이라는 여과기, 즉 미국적 여과기를 거쳐야 한다. 여과기를 거치지 못한 문화는 야만-미개적일 뿐만 아니라, 비인간적인 문화처럼 간주된다. 각 문화가 지닌 고유한 특성, 삶의 특수성은 미국식 보편성이라는 틀에 의해 교정되거나 폐기되어야 하는 것으로 처리된다.

문화의 특수성, 문화의 다양한 차이들이 지닌 가치가 간과되므로, 한국의 특수성과 한국 문화의 고유성 또한 서구와 조우할 때 충돌을 일으키고 폐기될 위험을 안고 있다. 그리하여 한국은 미국식 재편에 걸맞는 자유민주주의와 신자유주의 경제 구조를 보편화시키고 있으며, 일찍이 이것을 한국식으로 구체화하는 '세계화'라는 용어와 양태를 만들어내기도 했다.

이런 현상은 우리들의 위상과 가치를 다시 반문하도록 만든다. 그러나 중요한 것은, 한국이 서구적 잣대에 자발적으로 흡수되는 것처럼 보이는 현상이 일어나는 이유가 무엇인지를 아는 것이다. 우리들은 서구와 충돌하는 한국의 고유성과 우수성이 무엇인가를 생각하기 이전에, 한국도 서구처럼 잘사는 나라, 서구식 자유민주주의가 실현된 나라가 되고 싶은 욕구를 강하게 드러내며, 그로 인해 세계 강국에 걸맞는 위상을 지닌 나라로 인정받고 싶은 욕구에 휩싸여 있다. 대등 욕구를 실현하고 대등한 지위를 인정받고 싶은 욕구는 국가 간의 관계에서 계속해서 반영된다. 대등 욕구는 단순히 경제·정치적 인정 욕구에 국한되지 않으며, 문화를 포함하여 모든 분야에서 대등 욕구가 실현되어야 한다.

대등 욕구와 관련하여 야기된 갈등은 한국 사회에서는 미국과의 정치·군사적 갈등으로 나타난다. 부당한 죽음을 낳는 미군 범죄에도 불구하고 미군에 대한 적절한 처벌이나 사과조차 받아내지 못하는 억눌린 한국 사회에 살고 있는 한국인에게 무엇보다 중요한 것은 인정 욕구의 실현이다. 국제관계에서 대등하게 인정받고 싶은 욕구는 우리 사회의 주요 안건으로 작동하고 있는 것이다.

여중생 효순이, 미선이 사건 이후에 우리 국민들이 미국에 요구한 것은 '자주적 동맹관계'의 회복이었다. 미국에 대한 한국인의 요구는 '대등 욕구'이며, 대등한 지위에 대한 인정 욕구이다. 국민들은 대등 욕구의 승인을 방해하는 요소가 '한·미 주둔군 지위협정'으로 보았기에 'SOFA'의 개정을 그렇게도 외쳤던 것이다.

이러한 문제는 한·미 관계에서만 그치는 것이 아니라, 부시 행정부의 2003년 이라크 공격에서도 여실히 나타난다. '정치·군사적 힘의 우위'와 '인정받지 못한 대등 욕구'의 대립은 어디에서나 반복된다. 석유 자원의 손쉬운 획득과 관리라는 경제적 이해관계를 관철시키기 위해 이라크를 상대로 전쟁을 벌이는 '미국의 지배 욕구'는 은폐되고 세계 평화를 위협하는 이라크의 신무기에만 초점이 맞춰졌다.

미국은 UN의 의례적 절차도 무시하고 이라크에 공격을 시작했다. 그것은 곧 미국이 이라크를 자신과 대등한 나라로 인정하지 않고 있으며, 더 나아가 수많은 다른 나라들도 대등한 나라로 인정하지 않고 있다는 증거이다. 이라크는 미국으로부터 자주적 독립국으로 인정받고 싶은 대등 욕구가 있으며, 쌍방의 경제적 이해관계를 관철시키는 경제적 상호 인정을 바라고 있다. 그러나 현재의 상황은 지속되는 공격과 전쟁뿐이다. 전쟁에서 이기느냐 지느냐는 타국의 지배력에 굴복하느냐 아니면 자국의 독자성을 확립하느냐라는 사활이 걸린 문제이다.

양국이 서로를 인정하지 않고, 타국과 대등한 지위를 인정받지도 못하는 것은, 우월 욕구가 참다운 빛을 발하지 못하고 오히려 '왜곡된 우월 욕구'로 변질되어 국가 및 개인들을 억압하고, 지배 욕구가 지속적으로 실현되고 있기 때문이다. 미국과 이라크의 전쟁은 상대국을 대등한 국가로 인정하지 않기 때문에 생겨난 것이다.

대등 욕구에 대한 인정은 국가 대 국가의 관계에서만 문제를 야기하는 것이 아니라, 집단 대 집단의 관계, 개인 대 개인의 관계 모두에서 문제를 야기하고 있다. 대등 욕구 및 우월 욕구가 인간들의 고통과 지니는 연관성은 거시적 차원이나 국가 관계뿐만 아니라 소소한 일상에서도 끊임없이 나타난다. 인정 욕구와 인정 부재로 인한 고통은 현대의 소비문화 속에서도 얼마든지 확인된다.

가령 자신의 부와 권력을, 자신의 미모와 소질을 타인에게서 확인받고 싶어 하는 데서도 나타난다. 이는 최신 유행을 따라가려 하고, 보다 더 세련되고 고급스러운 상품을 소비하려는 태도 속에서 살펴볼 수 있다. 이를 위해 많은 돈을 소비했음에도 불구하고, 만약 누군가로부터 나의 소비 상품이 나와 어울리지 않고 '어설프다' 내지 '촌스럽다'라는 식의 말을 듣게 되면 불쾌감과 고통이 생겨난다. 그리고 이 어설픔을 만회

하려는 노력은 끝없는 '새로운 소비 욕구'를 낳는다.

여기에도 또한 남과 대등해지려는 욕구를 넘어서서 상품 소비를 통해 남보다 좀더 세련되고 품위 있고 부유한 자로 인정받고 싶은 '우월 욕구'가 작동하고 있다. 이때 우월 욕구는 '과시 욕구'로 변질된다. 인정을 얻기 위한 '소비 욕구'가 '왜곡된 우월 욕구'로 변질될 때 '과시 욕구'로 전환되며, 과시 욕구를 충족시키지 못한 사람들은 상처받거나 허영스런 소비 행태를 계속하는 것이다.

이렇듯 인정 욕구는 개인들의 사소한 심리적 인정 욕구에서 삶 전체의 질서로까지 확장되는 중요한 요인이며, 인정이 이루어질 때 느끼는 '행복'과, 인정이 이루어지지 않을 때 갖게 되는 '고통'의 산실이다.

그러나 인정 욕구를 모두 실현하는 것은 현실적으로 어려우므로 인정 욕구가 고통의 산실이라고 강조하기보다는, 오히려 고통을 해소할 수 있는 장치들을 마련하는 것이 더 시급하다. 문제 해결을 위해서는 무엇보다도 인간이 지닌 욕구에 대한 근본적인 천착이 필요하다. 그리고 그 욕구가 공동체 속에서 '왜곡'되거나 사회가 욕구를 '왜곡하도록 만들' 경우에는 자기의식적인 반성 능력을 발휘하여 왜곡을 당당하게 지적하고 왜곡을 용기 있게 거부하는 것이 필요하다. 즉 변화된 사회를 만들어 가는 태도가 필요한 것이다. 그것은 잘못된 삶의 구조에 대한 비판과 저항이다.

이런 당당함과 용기에는 나의 인정 욕구를 실현하기를 원하듯이, 타인의 인정 욕구도 수용하고, 타인의 욕구에 대한 소중함을 자각하는 태도가 언제나 동반되어야 한다. 그것은 타자를 그저 타자로 내버려두지 않고, 나를 그 속에서 직관할 수 있는 타자로 인정하는 것이다. 이렇게 타자 속에서 나를 직관할 수 있을 때, 타자는 나의 밖의 타자가 아니라 내 안의 타자가 되는 것이다. 타자에게 모든 것을 위임하고 타자 속에서 무한성을 파악하는 것은 바로 나에게 무한성을 열어놓고 나 속에서 무한성을 포착하는 것이다. 타자에게 나의 모든 것을 개방하는 것은 궁극적으로 나에게 나의 모든 것을 개방하는 것이다. 현대 사회의 삶은 나에게 모든 것을 개방할 수 있는 정신을 어떻게 실현할 수 있는가에 달려있다.

# 주

1) 이 글의 착상은 졸고, 「인정 욕구에 대한 철학적 성찰」(『연세철학』, 통권 10호, 연대철학과, 2001, pp. 233~250)에 기인한다.

2) 임마누엘 칸트, 이한구 편역, 『칸트의 역사철학』, 서광사, 1992, p.78.

3) 프리드리히 니체, 김태현 옮김, 『도덕의 계보/이사람을 보라』, 청하, 1982. 첫 번째 에세이를 보라.

4) 임마누엘 칸트, 앞의 책, p.29.

5) G. W. F. Hegel, *Grundlinien der Philosophie des Rechts, Werke in zwanzig Baenden*, Bd. 7, Frankfurt am Main: Suhrkamp Verlag, 1986, § 183, 임석진 옮김, 『법철학』, 지식산업사, 1990.

6) '이기심'이 산출하는 결과에도 불구하고, 역사 발전의 참다운 동력은 '이기심'이 아니라 이성, 도덕성, 자유 실현이다.

7) 아리스토텔레스, 나종일·천병희 옮김, 『정치학』, 삼성출판사, 1999, 2장, 5장, 13장 참고.

8) 헤겔은 『정신현상학』뿐만 아니라 『법철학』에서도 인격의 의미와 가치를 논하는 곳에서 자유의 근거지움과 노예제를 관련지어 설명한다. 『법철학』, p. 57, 62, 66 참고.

9) G. W. F. Hegel, *Phaenomenologie des Geistes*, Hrsg. von Hoffmeister, Hamburg: Felix Meiner Verlag, pp. 133-171 참고.

10) G. W. F. Hegel, *Phaenomenologie des Geistes*, Hrsg. von Hoffmeister, Hamburg: Felix Meiner Verlag, p. 151 이하 참고.

11) 자기의식의 고양이 '노예의식의 고양 과정'이나 '주인의식의 고양 과정'으로 분리될 수 있지만, 이 글에서는 노예와 주인 모두에게 관철된다는 관점에서 전개해 나간다.

12) 대등 욕구, 우월 욕구는 프랜시스 후쿠야마의 『역사의 종말』(이상훈 옮김, 한마음사, 1992), p. 278 이하 참고.

13) G. W. F. Hegel, *Grundlinien der Philosophie des Rechts, Werke in zwanzig Baenden*, Bd. 7, Frankfurt am Main: Suhrkamp Verlag, 1986, § 185.

14) 앞의 책, § 185 Zusatz.

15) 앞의 책, § 185 Zusatz.

# 참고문헌

문성원, 『배제의 배제와 환대』, 동녘, 2000.

송두율, 『계몽과 해방』, 당대, 1996.

이정은, 「한국현상 촛불시위에 관한 철학적 고찰」, 『시대와 철학』, 제14권 2호, 한국철학사상연구회, 2003.

이정은, 『사랑의 철학』, 살림출판사, 2003.

새무엘 헌팅턴, 이희재 옮김, 『문명의 충돌』, 감영사, 1997.

아리스토텔레스, 나종일·천병희 옮김, 『정치학』, 삼성출판사, 1999.

임마누엘 칸트, 이한구 편역, 『칸트의 역사철학』, 서광사, 1992.

프랜시스 후쿠야마, 이상훈 옮김, 『역사의 종말』, 한마음사, 1992.

프리드리히 니체, 김태현 옮김, 『도덕의 계보/이 사람을 보라』, 청하, 1982.

G. W. F. Hegel, *Phaenomenologie des Geistes*, Hrsg. von Hoffmeister, Hamburg: Felix Meiner Verlag, 1952.

G. W. F. Hegel, *Grundlinien der Philosopie des Rechts*, *Werke in zwanzig Baenden*, Bd. 7. Frankfurt am Main: Suhrkamp Verlag, 1986. 임석진 옮김, 『법철학』, 지식산업사, 1990.

# 사람은 왜 인정받고 싶어하나

| 펴낸날 | 초판 1쇄 2005년 1월 30일 |
| --- | --- |
| | 초판 7쇄 2020년 10월 30일 |

| 지은이 | 이정은 |
| --- | --- |
| 펴낸이 | 심만수 |
| 펴낸곳 | (주)살림출판사 |
| 출판등록 | 1989년 11월 1일 제9-210호 |

| 주소 | 경기도 파주시 광인사길 30 |
| --- | --- |
| 전화 | 031-955-1350 　팩스 031-624-1356 |
| 홈페이지 | http://www.sallimbooks.com |
| 이메일 | book@sallimbooks.com |

| ISBN | 978-89-522-0339-7 　04080 |
| --- | --- |
| | 978-89-522-0096-9 　04080 (세트) |

※ 값은 뒤표지에 있습니다.
※ 잘못 만들어진 책은 구입하신 서점에서 바꾸어 드립니다.

## 026 미셸 푸코　　eBook

양운덕(고려대 철학연구소 연구교수)

더 이상 우리에게 낯설지 않지만, 그렇다고 손쉽게 다가가기엔 부
담스러운 푸코라는 철학자를 '권력'이라는 열쇠를 가지고 우리에
게 열어 보여 주는 책. 권력은 어떻게 작용하는가에서 논의를 시작
하여 관계망 속에서의 권력과 창조적 · 생산적 · 긍정적인 힘으로
서의 권력을 이야기해 준다.

## 027 포스트모더니즘에 대한 성찰　　eBook

신승환(가톨릭대 철학과 교수)

포스트모더니즘의 역사와 논의를 차분히 성찰하고, 더 나아가 서
구의 근대를 수용하고 변용시킨 우리의 탈근대가 어떠한 맥락에
서 이해되는지를 밝힌 책. 저자는 오늘날 포스트모더니즘으로 대
변되는 탈근대적 문화와 철학운동은 보편주의와 중심주의, 전체
주의와 이성 중심주의에 대한 거부이며, 지금은 이 유행성의 뿌리
를 성찰해 볼 때라고 주장한다.

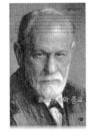

## 202 프로이트와 종교　　eBook

권수영(연세대 기독상담센터 소장)

프로이트는 20세기를 대표할 만한 사상가이지만, 여전히 적지 않
은 논란과 의심의 눈초리를 받고 있다. 게다가 신에 대한 믿음을
빼앗아버렸다며 종교인들은 프로이트를 용서하지 않을 기세이다.
기독교 신학자인 저자는 이 책을 통해 종교인들에게 프로이트가
여전히 유효하며, 그를 통하여 신앙이 더 건강해질 수 있다는 점을
보여 주려 한다.

## 427 시대의 지성 노암 촘스키　　eBook

임기대(배재대 연구교수)

저자는 노암 촘스키를 평가함에 있어 언어학자와 진보 지식인 중
어느 한 쪽의 면모만을 따로 떼어 이야기하는 것은 불합리하다고
말한다. 이 책에서는 촘스키의 가장 핵심적인 언어이론과 그의 정
치비평 중 주목할 만한 대목들이 함께 논의된다. 저자는 촘스키 이
론과 사상의 본질에 다가가기 위한 이러한 시도가 나아가 서구 사
상을 받아들이는 우리의 자세와도 연결된다고 믿고 있다.

## 024 이 땅에서 우리말로 철학하기

이기상(한국외대 철학과 교수)

우리말을 가지고 우리의 사유를 펼치고 있는 이기상 교수의 새로운 사유 제안서. 일상과 학문, 실천과 이론이 분리되어 있는 '궁핍의 시대'에 사는 우리에게 생활세계를 서양학문의 식민지화로부터 해방시키고, 서양이론의 중독으로부터 벗어나야 한다고 역설한다. 저자는 인간 중심에서 생명 중심으로의 변화와 관계론적인 세계관을 담고 있는 '사이 존재'를 제안한다.

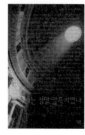

## 025 중세는 정말 암흑기였나　　eBook

이경재(백석대 기독교철학과 교수)

중세에 대한 친절한 입문서. 신과 인간에 대한 중세인의 의식을 다루고 있는 이 책은 어떻게 중세가 암흑시대라는 일반적인 인식을 가지게 되었는지에 대한 물음을 추적한다. 중세는 비합리적인 세계인가, 중세인의 신앙과 이성은 어떠한 관계를 갖고 있는가 등에 대한 논의를 하고 있다.

## 065 중국적 사유의 원형　　eBook

박정근(한국외대 철학과 교수)

중국 사상의 두 뿌리인 『주역』과 『중용』을 철학적 관점에서 접근한다. '산다는 것은 무엇인가?'라는 근원적 질문으로부터 자생한 큰 흐름이 유가와 도가인데, 이 두 사유의 흐름을 거슬러 올라가다 보면 그 둘이 하나로 합쳐지는 원류를 만나게 된다. 저자는 『주역』과 『중용』에 담겨 있는 지혜야말로 중국인의 사유세계를 지배하는 원류라고 말한다.

## 076 피에르 부르디외와 한국사회　　eBook

홍성민(동아대 정치외교학과 교수)

부르디외의 삶과 저작들을 통해 그의 사상을 쉽게 소개해 주고 이를 통해 한국사회의 변화를 호소하는 책. 저자는 부르디외가 인간의 행동이 엄격한 합리성과 계산을 근거로 행해지기보다는 일정한 기억과 습관, 그리고 사회적 전통에 영향을 받는다는 사실로부터 시작한다는 점을 강조한다.

### 096 철학으로 보는 문화 `eBook`

신응철(숭실대 인문과학연구소 연구교수)

문화와 문화철학 연구에 관심 있는 사람을 위한 길라잡이로 구상된 책. 비교적 최근에 분과학문으로 등장하기 시작한 문화철학의 논의에 반드시 들어가야 할 요소를 선택하여 제시하고, 그 핵심 내용을 제공한다. 칸트, 카시러, 반 퍼슨, 에드워드 홀, 에드워드 사이드, 새무얼 헌팅턴, 수전 손택 등의 철학자들의 문화론이 소개된다.

### 097 장 폴 사르트르 `eBook`

변광배(프랑스인문학연구모임 '시지프' 대표)

'타자'는 현대 사상에 있어 가장 중요한 개념 중 하나이다. 근대가 '자아'에 주목했다면 현대, 즉 탈근대는 '자아'의 소멸 혹은 자아의 허구성을 발견함으로써 오히려 '타자'에 관심을 갖게 되었다. 그리고 타자이론의 중심에는 사르트르가 있다. 사르트르의 시선과 타자론을 중점적으로 소개한 책.

### 135 주역과 운명 `eBook`

심의용(숭실대 강사)

주역에 대한 해설을 통해 사람들의 우환과 근심, 삶과 운명에 대한 우리의 자세를 말해 주는 책. 저자는 난해한 철학적 분석이나 독해의 문제로 우리를 데리고 가는 것이 아니라 공자, 백이, 안연, 자로, 한신 등 중국의 여러 사상가들의 사례를 통해 우리네 삶을 반추하는 방식을 취한다.

### 450 희망이 된 인문학 `eBook`

김호연(한양대 기초·융합교육원 교수)

삶 속에서 배우는 앎이야말로 인간의 운명을 바꿀 수 있는 기회를 준다. 그래서 삶이 곧 앎이고, 앎이 곧 삶이 되는 공부를 하는 것이 무엇보다 중요하다. 저자는 인문학이야말로 앎과 삶이 결합된 공부를 도울 수 있고, 모든 이들이 이 공부를 할 수 있어야 한다고 믿는다. 특히 '관계와 소통'에 초점을 맞춘 인문학의 실용적 가치, '인문학교'를 통한 실제 실천사례가 눈길을 끈다.

eBook 표시가 되어있는 도서는 전자책으로 구매가 가능합니다.

(주)**살림출판사**

www.sallimbooks.com
주소 경기도 파주시 문발동 522-1 | 전화 031-955-1350 | 팩스 031-955-1355